Arwen Schnack
Elke Burger
Sarah Fleer

Deutsch intensiv

Schreiben A1

Das Training.

Ernst Klett Sprachen
Stuttgart

1. Auflage   1 ⁹ ⁸ ⁷ ⁶ | 2027 26 25 24

Teile dieses Titels sind eine Überarbeitung des Vorgängertitels, 978-3-12-605168-2.
Alle Drucke dieser Auflage sind unverändert und können im Unterricht nebeneinander verwendet werden.
Die letzte Zahl bezeichnet das Jahr des Druckes. Das Werk und seine Teile sind urheberrechtlich geschützt.
Jede Nutzung in anderen als den gesetzlich zugelassenen Fällen bedarf der vorherigen schriftlichen
Einwilligung des Verlags.

www.klett-sprachen.de

Autoren: Arwen Schnack, Elke Burger, Sarah Fleer

Redaktion: Leoni Röhr
Layoutkonzeption: Greta Gröttrup
Illustrationen: Theo Scherling, Fritz Steingrobe
Gestaltung und Satz: Datagroup Int, Timişoara
Umschlaggestaltung: Greta Gröttrup
Titelbild: WAYHOME studio – Shutterstock
Druck und Bindung: Plump Druck & Medien GmbH, Rheinbreitbach

Printed in Germany
ISBN 978-3-12-675047-9

Vorwort

Liebe Lernerinnen und Lerner, liebe Lehrerinnen und Lehrer,

in diesem Intensivtrainer „Schreiben A1" finden Sie Schreibübungen für alltägliche Anlässe und als Vorbereitung auf Prüfungen. Als Hilfen gibt es Tipps mit Erklärungen.

Wer kann mit dem Intensivtrainer arbeiten?
Der Intensivtrainer ist für Lerner auf dem Niveau A1. Sie können alleine damit arbeiten. Hinten im Buch finden Sie die Lösungen zu den Aufgaben oder Beispiele, wie Sie die Texte schreiben können. Wenn Sie einen Deutschkurs machen, können Sie mit dem Intensivtrainer wichtige Themen wiederholen oder noch etwas mehr lernen.

Wie übe ich mit dem Buch?
Das Buch hat neun Kapitel. Die ersten Kapitel sind einfach. Sie können damit schon üben, wenn Sie am Anfang von einem A1-Kurs sind. Die nächsten Kapitel sind schwerer. Manchmal brauchen Sie in Kapitel 5 oder 6 zum Beispiel eine Information aus einem Tipp in Kapitel 1 oder 2. Deshalb ist es gut, wenn Sie in dem Buch vorne anfangen und dann ein Kapitel nach dem anderen ansehen. Aber natürlich können Sie auch sofort zu einem schweren Kapitel gehen, wenn Sie das Thema gerade brauchen.

Wie bereitete ich eine Prüfung vor?
Am Ende vom Buch ist ein Prüfungstraining (Kapitel I). Damit können Sie sich auf eine bestimmte Prüfung vorbereiten. In den Tipps zum Prüfungstraining steht, was Sie in den Prüfungen schreiben müssen und wie viel Zeit Sie haben. Schauen Sie immer auf die Uhr, wenn Sie für Prüfungen üben.

Wie finde ich, was ich suche?
Im Inhaltsverzeichnis stehen alle Themen. Die Lösungen zu den Aufgaben sind hinten im Buch. Außerdem gibt es in den Kapiteln Tipps:

 Hier gibt es Informationen zu Grammatik, Rechtschreibung oder dem Leben in Deutschland. Mit den Tipps können Sie zum Beispiel die richtige Lösung finden, wenn Sie die Grammatik oder die Rechtschreibung noch nicht im Kurs hatten.

Selber weiter schreiben
Zu vielen Aufgaben können Sie weitere eigene Texte schreiben. Natürlich haben Sie dann keine Lösungen, aber es ist eine gute Übung, wenn Sie möglichst viel schreiben. Am besten machen Sie es so:

- Machen Sie die Übungen aus dem Buch.

- Lernen Sie zu allen Themen kleine Sätze.

- Schreiben Sie selbst kleine Texte. Das Buch ist dabei geschlossen. Aber wenn Sie Ihren Text geschrieben haben, können Sie ins Buch sehen und vergleichen.

Nach dem zweiten oder dritten Text finden Sie das Schreiben nicht mehr so schwer. Und dann wissen Sie auch: Das kann ich schreiben. Oder: Diese Variante ist nicht so gut.

Viel Erfolg beim Lernen und viel Spaß mit dem Buch wünschen Ihnen

Autorinnen, Redaktion und Ihr Ernst Klett Sprachen Verlag

Inhalt

1 Das bin ich.

1 Lesen und ergänzen Sie.

Ich heiße Harald Müller.
Ich komme aus Hamburg.
Ich bin 35 Jahre alt.
Das ist meine Frau.

[Italien • Jahre • Susanna]

Sie heißt (1) _____ .

Sie kommt aus (2) _____ .

Sie ist 32 (3) _____ *alt.*

TIPP Namen und Substantive (Wörter mit Artikel *der, die, das*) schreibt man groß. Am Anfang vom Satz schreibt man auch groß.

Beispiel: *Ich heiße Lukas Müller. Ich komme aus Berlin.*

2 Markieren Sie in 1 alle Namen, Substantive und Satzanfänge. Ordnen Sie sie in die Tabelle.

(1) Namen	(2) Substantive	(3) Satzanfänge
_____	_____	_____
_____	_____	_____

3 Groß und klein schreiben

a Lesen und markieren Sie. Wo beginnt ein neues Wort?

ich|heißegraceisiramenichbin23jahrealtichkommeausnigeria

b Machen Sie aus den Wörtern in a drei Sätze.
Welche Wörter schreibt man groß?

_____

_____

_____

4 Schreiben Sie. Welche Wörter schreibt man groß?

1. ist / das / yuna / .

_____

2. 5 jahre / sie / alt / ist / .

_____

3. japan / aus / sie / kommt / .

_____

5 Wer ist Maria?

a Ergänzen Sie den Text.

Beruf • Deutschland • Englisch • Hobbys • Jahre • Köln • ~~Maria~~

Ich heiße (1) _Maria_ Schneider und komme aus (2) _____ .

Ich bin 24 (3) _____ alt und Krankenschwester von (4) _____ .

Ich wohne in (5) _____ . Meine (6) _____ sind schwimmen und tanzen.

Ich spreche Deutsch und (7) _____ .

b Marias Profil im Internet. Notieren Sie die Informationen.

Mein Steckbrief

Name: (1) _____

Nationalität: (2) _deutsch_ _____

Alter: (3) _____

Beruf: (4) _____

Wohnort: (5) _____

Hobbys: (6) _____

Sprachen: (7) _____

6 Mein Steckbrief

a Ergänzen Sie den Steckbrief mit Ihren Informationen.

Mein Steckbrief

Name: _____

Nationalität: _____

Alter: _____

Beruf: _____

Wohnort: _____

Hobbys: _____

Sprachen: _____

b Schreiben Sie einen kurzen Text über sich. Lesen Sie dazu noch einmal den Text aus 5a.

_____

_____

_____

_____

2 Kontakte

1 Telefon, E-Mail und Co.

a Ordnen Sie die Antworten zu.

1. Carlo, wie ist deine Telefonnummer?
2. Hast du auch ein Handy?
3. Und deine E-Mail-Adresse?
4. Hast du auch Skype?
5. Bist du auch bei Facebook?

____ a) Nein. Da bin ich nicht.
_1._ b) Die Vorwahl ist 030 und dann 457831.
____ c) Ja, klar! Meine Nummer ist 0152 – 9876543.
____ d) Die Adresse ist carlo.viale@hotmail.com
____ e) Ja. Mein Skype-Name ist carloclaro85.

b Neuer Kontakt. Ergänzen Sie die Informationen aus a.

Neuer Kontakt	
Vorname	Nachname
(1)	*Viale*
Telefon	
Handy	(2)
Privat	(3)
E-Mail	(4)
Skype-Name	(5)

Speichern   Abbrechen

2 Lesen Sie die Visitenkarte und schreiben Sie Antworten.

Mario Stein
Arzt

Charlottenstr. 45
98342 Neustadt
Tel. 0987 – 5647382
Mobil: 0176 – 8978675
E-Mail: m.stein@praxisstein.de

1. Wer ist das? _____
2. Wo wohnt er? _____
3. Wie ist die Postleitzahl? _____
4. Wie ist seine Handynummer? _____
5. Wie ist die Hausnummer? _____
6. Wie ist seine Telefonnummer? _____
7. Wie heißt die Straße? _____
8. Wie ist seine E-Mail-Adresse? _____
9. Was ist er von Beruf? _____

3 Antworten Sie auf die Fragen. Benutzen Sie dabei die Wörter aus der Box. Schreiben Sie ganze Sätze.

> SandraSonnenschein • finn@reinfeld.de • 040-123456

1. Hallo Finn! Sag mal, wie ist deine E-Mail-Adresse? Gruß, Sven
   _____
   _____

2. Hallo Sandra! Wollen wir skypen? Wie ist dein Skype-Name? Bis später, Sara
   _____
   _____

3. Hallo Zeliha! Hast du Annas Telefonnummer? Kannst du sie mir geben? Maria
   _____
   _____

4 Fragen Sie Ihre Freunde nach ein paar Kontaktdaten.

1. (Paulas Handynummer):
   Hallo Lydia, _____ ?

2. (Skype-Name):
   Hallo Bruno, _____ ?

3. (E-Mail-Adresse):
   Hallo Anne, _____ ?

5 Ordnen Sie die Sätze.

1. Meine / ist / Telefonnummer / 0153-235476

   _____

2. wohne / Ich / in der / Nummer 5 / Rabenstraße

   _____

3. E-Mail-Adresse / ist / Meine / jakob@home.de

   _____

4. bin / Ich / nicht / bei Facebook

   _____

5. Ich / kein / habe / Handy

   _____

3   Meine Familie

1   Lesen Sie den Text. Schreiben Sie dann die markierten Wörter zu den Personen, von links nach rechts wie auf dem Foto.

Ich heiße Mia und bin sechs Jahre alt. Mein **Bruder** heißt Lukas. Wir wohnen mit unseren Eltern in München. Meine Mama hat auch noch einen **Vater** und eine **Mutter**. Das sind unsere Großeltern. Aber die, also meine **Oma** und **Opa**, wohnen nicht in München.

1. Mein _____   6. Meine _____

  2. Mein _____   5. Meine _____

    3. Mein _____   4. ich _____

2   Wer sagt das?

> *Unser Sohn Lukas ist zehn Jahre alt, unsere Tochter Mia sechs.*

Das sagen Mias _____ .

TIPP   Bei Namen, die kein *-s* am Ende haben, schreiben Sie: *Mias Eltern, Stefans Bruder, Susannes Kinder.*
Bei Namen mit einem *s*-Laut am Ende schreiben Sie: *Lukas' Eltern, Max' Bruder, Franz' Mutter.*

3   Frau und Mann, Mädchen und Junge. Was passt? Ergänzen Sie das Wort mit Artikel.

1. die Schwester – *der Bruder* _____   3. die Mutter – _____
2. der Opa   –   4. der Sohn   – _____

4   Wer ist das? Ergänzen Sie.

1. Die Tochter von meiner Oma ist meine *Mutter* _____ .
2. Mein Opa und meine Oma sind meine _____ .
3. Die Mutter von meinem Vater ist meine _____ .
4. Der Sohn von meinem Vater ist mein _____ .

5   Eine private E-Mail oder einen privaten Brief schreiben

a   Johannes schreibt Sandra eine E-Mail über seine Familie. Welche Wörter sind das? Ergänzen Sie.

Hallo Sandra,

heute möchte ich dir meine Familie vorstellen. Ich habe einen Bruder und eine Schwester.

Meine [retseSchw] (1) _Schwester_ heißt Silvia und mein [derrBu] (2) _____ heißt Michael. Meine Schwester wohnt in Frankfurt und ist Ärztin von Beruf. Mein Bruder ist 22 Jahre alt und wohnt noch bei meinen [nlEter] (3) _____ in Mainz.

Mein Vater ist Bäcker von Beruf und meine [rttuMe] (4) _____ Krankenschwester.
Meine [nertelßoGr] (5) _____ sind Rentner und schon 50 Jahre verheiratet! Sie haben gerne viel Besuch. Deshalb fahren wir oft zu ihnen.

Und deine Familie? Hast du viele Verwandte? Was machen sie? Wo leben sie?

Ich freue mich auf deinen Brief.

Liebe Grüße

Johannes

TIPP   In einer privaten E-Mail oder einem privaten Brief schreibt man am Anfang *Liebe* (+ Frauenname) / *Lieber* (+ Männername) oder *Hallo*. Dann kommt ein Komma. Deshalb muss man den ersten Buchstaben im Text klein schreiben.

Am Ende von der E-Mail oder von dem Brief schreibt man *Viele Grüße* oder, bei guten Freunden, *Liebe Grüße*. Danach kommt kein Punkt und auch kein Komma. Ganz am Schluss kommt der Vorname.

b   Sandra antwortet auf die E-Mail von Johannes in a. Lesen Sie die Informationen und ergänzen Sie.

Bruder: Jens, Hamburg, Krankenpfleger
Schwester: Jana, Berlin, Lehrerin
Mutter und Vater: Hannover
Großmutter: auch Hannover, 95 Jahre alt

Lieber (1) _____,

ich habe einen (2) _____ und eine (3) _____.
Mein Bruder heißt Jens und ist (4) _____ _____.
Er wohnt (5) _____. Meine (6) _____ heißt Jana und ist
(7) _____. Sie (8) _____ Berlin.

Meine Eltern und (9) _____ wohnen (10) _____.
Meine Großmutter ist schon 95 (11) _____. Hier ist ein Foto.

Liebe (12) _____

(13) _____

6 Familie Mayer möchte Gastfamilie für internationale Schüler werden. Lesen Sie die Informationen. Füllen Sie dann das Formular für Frau Mayer aus.

TIPP In vielen Formularen findet man die Buchstaben *m* und *w. m* bedeutet *männlich* (Junge, Mann). *w* bedeutet *weiblich* (Mädchen, Frau).

Ich heiße Mara Mayer und bin 46 Jahre alt. Ich bin Krankenschwester von Beruf.
Mein Mann heißt Per Mayer. Er ist 45 Jahre alt und Koch. Unsere Kinder heißen Theresa und Leo.
Theresa ist 20 Jahre alt. Sie wohnt in Leipzig und geht da zur Uni. Leo ist 5 Jahre alt. Er geht noch nicht zur Schule. Und meine Mutter wohnt auch bei uns. Sie heißt Ruth Zielinski und ist 69 Jahre alt.
Wir wohnen in der Helenenstraße 5 in 01067 Dresden. Ach ja, wir haben auch einen Hund und zwei Katzen.

(a) Mutter	**(b) Vater**
Nachname: _____	Nachname: _____
Vorname: _____	Vorname: _____
Alter: _____	Alter: _____
Beruf: _____	Beruf: _____

(c) Kind 1 ○ m ○ w	**(d) Kind 2** ○ m ○ w
Nachname: _____	Nachname: _____
Vorname: _____	Vorname: _____
Alter: _____	Alter: _____

Kind 3 ○ m ○ w	**Kind 4** ○ m ○ w
Nachname: _____	Nachname: _____
Vorname: _____	Vorname: _____
Alter: _____	Alter: _____

(e) Wohnen noch andere Personen in Ihrem Haus?	**(f) Wohnen alle Kinder zu Hause?**
○ ja ○ nein	○ ja ○ nein
Wenn ja: Wer?	Wenn nein: Wo wohnen die Kinder?
Nachname: _____	_____
Vorname: _____	_____
Alter: _____	

(g) Haben Sie Haustiere?	**(h) Adresse**
○ ja ○ nein	_____
Wenn ja: Welche?	_____
_____	
_____	

7   Fragen an die Gastfamilie Mayer: Eine geschäftliche E-Mail oder einen geschäftlichen Brief schreiben

a   Frau Köhler ist Kontaktperson für die Gastfamilien. Sie hat das Formular in Übung 6 gelesen. Jetzt schreibt sie eine E-Mail mit Fragen. Lesen Sie und ergänzen Sie die Wörter aus der Box.

> **TIPP**   Ein geschäftlicher Brief oder eine geschäftliche E-Mail ist nicht privat. Sie kennen die Person nicht oder nicht gut und schreiben nicht *du* oder *dein(e)*, sondern *Sie* und *Ihr(e)*.
>
> Am Anfang schreiben Sie *Sehr geehrte* (+ Frau + Nachname) oder *Sehr geehrter* (+ Herr + Nachname). Dann kommt ein Komma. Der Text beginnt mit einem kleinen Buchstaben.
>
> Am Ende schreibt man *Mit freundlichen Grüßen* (ohne Punkt oder Komma). Ganz unten kommen der Vor- und der Nachname.

[Mit freundlichen Grüßen • Sehr geehrte Frau Mayer • Sonja Köhler]

(1) _____,

vielen Dank für das Formular. Wir freuen uns, dass Sie Gastfamilie werden möchten. Ich habe noch eine Frage. Sie schreiben, Frau Ruth Zielinski wohnt bei Ihnen. Ist sie eine Verwandte von Ihnen? Und gibt es dann noch ein Zimmer für den Gast?

(2) _____

(3) _____

b   Frau Mayer antwortet auf die E-Mail in a. Ergänzen Sie die Satzenden aus der Box.

[seit fünf Jahren bei uns • für Ihre E-Mail • ist meine Mutter • freundlichen Grüßen • mit den Kindern • Mayer • Frau Köhler • haben wir ein eigenes Zimmer]

Sehr geehrte (1) _____,

vielen Dank (2) _____.

Frau Ruth Zielinski (3) _____.

Sie wohnt (4) _____.

Sie hilft uns (5) _____.

Für den Gast (6) _____.

Mit (7) _____

Mara (8) _____

c   Frau Köhler antwortet auf die E-Mail in b. Ergänzen Sie die Satzanfänge aus der Box.

[Sonja • Sehr geehrte • Mit freundlichen • Vielen Dank für]

1. _____ Frau Mayer,
2. _____ die Informationen.
3. _____ Grüßen
4. _____ Köhler

8　Ben und Anna

a Ben und Anna kommen aus Partnerstädten in Deutschland und Polen. Bens Schulklasse besucht Annas Klasse in Polen. Später besucht Annas Klasse Bens Klasse in Deutschland. Lesen Sie den Brief und ergänzen Sie.

[wohnst • bist • wohne • gehe • ~~heiße~~ • hast • spreche • fotografieren • sprichst]

Lieber Ben,

ich _heiße_ Anna. Ich (1) _____ mit meiner Familie in Krakau. Ich bin 16 Jahre alt und (2) _____ in die Klasse 10b. Meine Hobbys sind joggen und (3) _____.
Ich (4) _____ Polnisch, Deutsch und Englisch. Und du? Wo (5) _____ du?
Wie alt (6) _____ du? Welche Hobbys (7) _____ du? Und welche
Sprachen (8) _____ du? Ich freue mich auf deinen Brief.

Viele Grüße

Anna

b Ben antwortet auf Annas Brief. Bringen Sie die sieben Sätze in die richtige Reihenfolge. Schreiben Sie die Zahlen 1 - 7.

____ a) Meine Hobbys sind Fußball spielen und Musik hören. Aber ich fotografiere auch gerne. Ich spreche Deutsch und Englisch. Leider spreche ich kein Polnisch.
____ b) Aber vielleicht lerne ich ein bisschen, wenn wir euch besuchen.
____ c) Liebe Grüße
____ d) danke für deinen Brief!
____ e) Ich heiße Ben. Ich wohne in Köln und bin auch 16 Jahre alt.
____ f) Ben
____ g) Liebe Anna,

c Sie machen bei einem Besuch in einer Partnerstadt mit. Schreiben Sie Ihrem Partner Gregor einen Brief und stellen Sie sich vor. Weil Sie ihn nicht kennen, schreiben Sie *Sie* und nicht *du*. Schreiben Sie über folgende Themen und fragen Sie Gregor dann zu diesen Themen:

Name – Wohnort – Beruf / Schule – Hobbys – Sprachen

9 Eine E-Mail an Bens Vater

a Bens Vater bekommt eine E-Mail. Suchen Sie vier Wörter. Ergänzen Sie die Wörter in der E-Mail.

LUBHGTELEFONNUMMERLKASDFASLKDFKINDERNALSDFJFAMILIEAKSJDBERUFKLASDHF

Sehr geehrter Herr Dummert,

wir freuen uns, dass Ihre _Familie_____ bei dem Schüleraustausch mitmacht. Bitte schreiben Sie uns etwas über Ihre Familie. Wo wohnen Sie? Was sind Sie von (1) _____? Was wollen Sie mit den (2) _____ zusammen machen? Haben Sie weitere Kontaktdaten wie eine (3) _____ oder einen Skype-Namen?

Mit freundlichen Grüßen

Agnieszka Nowak

– Lehrerin für den Schüleraustausch Krakau-Köln –

---

b Antworten Sie auf den Brief von Frau Nowak. Ordnen Sie die Satzteile und schreiben Sie.

TIPP Für die Sätze gibt es zwei Modelle.

Modell 1: Wer? – macht/ist – was?   **Modell 2**: Wie/wann? – macht – wer? – was?

TIPP Beim Alter können Sie schreiben: *Mein Mann ist 32 Jahre alt*. Oder: *Mein Mann ist 32*.

Sehr geehrte Frau Nowak,

1. (für / Ihre E-Mail / vielen Dank) (wohnen / Wir / in Köln)

_____

2. (vier Personen / sind / Wir) (haben / Meine Frau und ich / zwei Kinder)

_____

3. (16 Jahre / Unser Sohn Ben / ist / alt) (ist / Unsere Tochter Sabrina / elf)

_____

4. (Verkäuferin / Meine Frau / von Beruf / ist) (zu Hause am Computer / arbeite / Ich)

_____

5. (haben / wir schon / Pläne / Für die Zeit mit den Kindern) (zusammen Fahrrad fahren / Wir / wollen / und spazieren gehen)

_____

6. (ins Kino gehen / Und wir / wollen auch)

_____

7. (0221-987654 / ist / Unsere Telefonnummer) (Leider / kein Skype / haben wir)

_____

Mit freundlichen Grüßen

Gerd Dummert

---

4 Mein Tag

1 Was machst du?

a Welches Verb passt? Ordnen Sie zu.

einkaufen • schlafen • aufstehen • arbeiten • frühstücken • fernsehen • duschen • zu Mittag essen

1. _____ 2. _____ 3. _____ 4. _____

5. _____ 6. _____ 7. _____ 8. _____

b Wo beginnt ein neues Wort? Markieren Sie. Schreiben Sie die Sätze dann neu.

TIPP Bei einigen Verben kommt die Vorsilbe ans Ende, wenn Sie Sätze schreiben. Diese Verben heißen *trennbare Verben*.

Beispiel:	*fernsehen*:	*Ich sehe jeden Tag fern.*
	einkaufen:	*Wir kaufen im Supermarkt ein.*
	aufstehen:	*Er steht um 6 Uhr auf.*

1. WANNSTEHSTDUAUF? _____

2. DIEKINDERDUSCHENUM7UHR. _____

3. WIRFRÜHSTÜCKENUM7:30. _____

4. MATTHIASGEHTZURARBEIT. _____

5. ICHKAUFEAMMITTWOCHEIN. _____

6. WIRSEHENABENDSNICHTFERN. _____

c Welches Satzende passt? Ordnen Sie zu. zu Mittag • sie lange • nicht • um 8 Uhr auf

1. Ich stehe _____.

2. Wir essen jetzt _____.

3. Sandra arbeitet am Sonntag _____.

4. Am Sonntag schläft _____.

▶ Zur Orthographie der Wochentage und Tageszeiten lesen Sie den Tipp auf S. 19.

2   Schreiben Sie die Verben in allen Formen.

1. einkaufen

ich	_kaufe_ _ein_
du	_____ _____
er/sie/es	_____ _____
wir	_____ _____
ihr	_____ _____
sie/Sie	_____ _____

2. aufstehen

ich	_____ _____
du	_____ _____
er/sie/es	_____ _____
wir	_____ _____
ihr	_____ _____
sie/Sie	_____ _____

3   Franks Tag

a   Lesen Sie den Text. Ergänzen Sie dann Franks Kalender für heute.

Ich stehe um 7 Uhr auf und trinke (einen) Kaffee. Frühstück gibt es bei mir nie. Um 7:30 dusche ich.
Dann gehe ich zur Arbeit. Ich arbeite von 8 bis 16 Uhr bei einer Bank. Um 12:30 esse ich zu Mittag. Am
Nachmittag besuche ich oft Freunde. Heute gehe ich um 16 Uhr zu Sammy und Kati. Abends lese ich gern.

> **TIPP**   Man schreibt *7:30* oder *7:30 Uhr*. Aber man sagt: *7 Uhr 30*.

7:00:	_aufstehen + Kaffee trinken_	12:30:	(3) _____
7:30:	(1) _____	16:00:	Sammy und Kati (4) _____
8:00-16:00:	(2) _____	nach 20:00:	(5) _____

b   Ergänzen Sie die richtigen Formen.

> **TIPP**   Achtung: Einige Verben wie *essen* und *lesen* sind in der 2. und 3. Person Singular anders. Hier haben sie
> einen Vokalwechsel: *du isst, er liest*
> Verben auf *-den* oder *-ten* wie *arbeiten* haben in der 2. und 3. Person Singular und in der 2.
> Person Plural ein *-e* extra: *du arbeitest, er arbeitet, ihr arbeitet*
> In den anderen Personen sind die Formen aber normal.

1. essen	2. lesen	3. arbeiten
ich _____	ich _____	ich _____
du **i**sst	du **lie**st	du arbeit**e**st
er/sie/es **i**sst	er/sie/es **lie**st	er/sie/es arbeit**e**t
wir _____	wir _____	wir _____
ihr _____	ihr _____	ihr arbeit**e**t
sie/Sie _____	sie/Sie _____	sie/Sie _____

c   Was macht Frank? Schreiben Sie den Text aus 3a in der dritten Person.

> **TIPP**   Am Anfang vom Satz steht die Person, der Ort oder die Zeit. Das Verb steht immer an Position 2.

Frank steht um 7 Uhr auf und _____

_____

_____

_____

4   Mein Tagesablauf

a   Was machen Sie? Kreuzen Sie an.

◯ aufstehen

◯ duschen

◯ Kaffee/Tee kochen

◯ frühstücken

◯ eine Zeitung/ein Buch lesen

◯ zum Deutschkurs fahren

◯ arbeiten

◯ Essen kochen

◯ zu Hause/im Restaurant … essen

◯ Rad fahren

◯ (eine) Pause machen

◯ Fußball spielen

◯ Freunde besuchen

◯ fernsehen

◯ Musik hören

◯ einkaufen

◯ telefonieren

◯ E-Mails lesen/schreiben

◯ Nachrichten lesen/schreiben

◯ ins Schwimmbad gehen

◯ Hausaufgaben machen

◯ schlafen

b   Wann machen Sie das: … um 8 Uhr, um 10 Uhr …? Notieren Sie.

6 Uhr		13 Uhr	
7 Uhr	*aufstehen*	14 Uhr	
8 Uhr		15 Uhr	
9 Uhr		16 Uhr	
10 Uhr		17 Uhr	
11 Uhr		18 Uhr	
12 Uhr		19 Uhr	

c   Beantworten Sie die Fragen in einem ganzen Satz.

TIPP   Nomen + kein/e/en: Sie hat <u>kein</u> Buch. Ich mache <u>keine</u> Hausaufgaben.
Verben, Zeiten, andere Informationen + nicht: Er frühstückt <u>nicht</u>. Ich komme <u>nicht</u> um 5 Uhr.

1. Trinken Sie Kaffee?   *Ja, ich trinke Kaffee. / Nein, ich trinke keinen Kaffee.*

2. Spielen Sie gerne Fußball?   _____

3. Machen Sie Hausaufgaben?   _____

4. Sehen Sie jeden Tag fern?   _____

d   Wie ist Ihr Tagesablauf? Schreiben Sie.

TIPP   Man fängt nicht jeden Satz mit ich an. Beginnen Sie lieber mit Dann / Danach / Später / Um …
Uhr / Abends …

Ich stehe um …

5　Freizeit

1　Was passt zusammen? Ordnen Sie zu.

1. Kaffee   ____a) besuchen
2. Freunde   ____b) lesen
3. schwimmen   ____c) trinken
4. Musik   ____d) hören
5. Fußball   ____e) gehen
6. ein Buch   ____f) schreiben
7. E-Mails   ____g) spielen

2　Was machst du gerade? Ergänzen Sie das Verb.

1.

Hallo Claudia! Was machst du gerade?

Hallo Max! Ich [leispe] (a) _____ ein Computerspiel und trinke [efefaK] (b) _____. Und du?

Ich [rieschbe] (c) _____ ein paar E-Mails. Später [chsubee] (d) _____ ich Dennis und Sandra.

Viel Spaß!

2.

Hallo Hannes! Was [chamst] (a) _____ du gerade?

Hallo Fanny! Nichts. Ich [eshe] (b) _____ ein bisschen fern. Und du?

Ich [heeg] (c) _____ jetzt zur Arbeit. Und heute [beAnd] (d) _____ spiele ich [ßuFllab] (e) _____.

Viel [ßSap] (f) _____!

3　Meine Woche

a　Bringen Sie die Wochentage in die richtige Reihenfolge.

____Donnerstag　　__1__ Montag　　____Freitag　　____Samstag
____Mittwoch　　____Sonntag　　____Dienstag

b　Schreiben Sie Sätze. Achten Sie auf die Position des Verbs.

TIPP	Die Wochentage schreibt man groß: *der Montag, am Montag*. Wenn etwas immer am Montag passiert, kann man auch *montags* schreiben. Das schreibt man klein. Nur am Satzanfang schreibt man immer groß.

1. spiele / Montags / ich / Fußball. _____
2. Dienstags / mit Susi Kaffee / trinke / ich.
3. Freunde / ich / Mittwochs / besuche. _____
4. schwimmen / gehe / ich / Donnerstags. _____
5. ich / einkaufen / Freitags gehe. _____
6. Samstags / ich / mit meinen Eltern / frühstücke. _____
7. lange / ich / Und sonntags schlafe. _____

4　Informationen für die Freizeit suchen

a　Ordnen Sie die Wörter zu. Schreiben Sie mit Artikel.

> Museum • Bibliothek • Kino • Schwimmbad • Zoo

1. _____　2. _____　3. _____　4. _____　5. _____

b　Ordnen Sie zu.

1. die Adresse　　　　　　　____ a)　Montag bis Freitag, 8 bis 15 Uhr
2. die Öffnungszeiten　　　____ b)　Steinstraße 10, Buxtehude
3. die Eintrittspreise　　　　____ c)　Erwachsene 7€, Kinder 4€

c　Lesen Sie die Information. Schreiben Sie dann die wichtigsten Wörter in die Suchmaschine (Was? Wo? Welche Information suchen Sie?).

1. Sie möchten in Hamburg in das Kino „Panorama" gehen. Sie suchen die Adresse.

　Kino Panorama Hamburg Adresse

2. Sie möchten mit ihren Kindern in den Zoo in Leipzig gehen. Sie möchten den Preis wissen.

3. Sie möchten die Öffnungszeiten vom Schwimmbad in Nürnberg wissen.

4. Sie suchen die Adresse von einem Stadtmuseum in Trier.

5. Sie möchten wissen, wann die Bibliothek in Kiel geöffnet hat.

d　Sie fragen einen Freund oder eine Freundin. Ordnen Sie die Frageteile und schreiben Sie.

TIPP	Eine Frage mit Fragewort schreiben Sie:

Wann / Wie / Wo / Wer / ...	macht / ist ...	was ...?

1. ist / Wann / geöffnet / der Zoo

_____

2. die Adresse / ist / Wie / vom Stadtmuseum

_____

3. Wie viel / für das Schwimmbad / die Karten / kosten

_____

5 Wollen wir in den Zoo gehen? Sortieren Sie die SMS.

1. Gerne. Um 14 Uhr? • Bis Samstag! • ~~Wollen wir am Samstag ins Museum gehen?~~ • Ja, das ist gut. Bis Samstag!

Hey Finn! *Wollen wir am Samstag ins Museum gehen?*

(a) _____

(b) _____

(c) _____

2. Ja, das ist gut. Bis Freitag. • Ja gern. Weißt du die Öffnungszeiten? • Hast du am Freitag Zeit? Wollen wir in den Zoo gehen? • Ja, 9 bis 19 Uhr. Wollen wir um 10 Uhr gehen?

(a) _____

(b) _____

(c) _____

(d) _____

6 Sibylle möchte einen Türkischkurs machen.

a Lesen Sie die Informationen und füllen Sie das Formular für sie aus.

Sibylle Reimer ist 45 Jahre alt. Sie wohnt in der Pestalozzistraße 3 in Krumbach. Sie möchte einen Türkischkurs machen. Sie arbeitet morgens und nachmittags. Sie spricht Deutsch und Englisch.

Vorname: (1) _____	Nachname: (2) _____
Adresse: (3) _____ _____	(4) ◯ m ◯ w Alter: (5) _____
Sprachkurs (6) ◯ Persisch ◯ Russisch ◯ Türkisch	Kurszeit (7) ◯ mittwochvormittags (10-12 Uhr) ◯ dienstagabends (18-20 Uhr)
Welche Sprachen sprechen Sie? (8) _____	

b Sibylle hat eine Frage. Sie schreibt eine E-Mail an die Sprachschule. Ordnen Sie die E-Mail. Schreiben Sie dann.

___ a) Mit freundlichen Grüßen

___ b) ich möchte den Türkischkurs am Dienstagabend machen.

___ c) Sehr geehrte Damen und Herren,

___ d) Sibylle Reimer

___ e) Muss ich ein Buch mitbringen? Oder gibt uns der Lehrer die Bücher? Vielen Dank für Ihre Antwort.

21

7 Carola ist neu in Leipzig. Sie möchte neue Leute kennenlernen.

a Helfen Sie Carola, ein Profil im Internet auszufüllen. Ergänzen Sie.

[56 Jahre • Carola • Fahrrad fahren und Musik hören • Leipzig]

Name: (1) _____

Wohnort: (2) _____

Alter: (3) _____

Hobbys: (4) _____

Mehr Information: Ich gehe gerne in den Zoo und ins Museum. Und ich möchte einen Japanischkurs machen.

b Drei Antworten. Lesen Sie. Schreiben Sie dann die E-Mails richtig.

1. ILiebehbuCarola,asdfichwohnezuzztauchtbginLeipzig/hzgundichmöchteaewsauchutbgfeinenJapanischkursbtfbmachen. WASWollenwirdifugzusammentreszurSprachschulefghiugehen?VieleglüßeGrüßehsdumguJohannasmov

_____

_____

_____

_____

2. hsdfzLiebeiebeCarola,makwollenwirkdfuzzgamFreitagnachmittagbagemitdemFahrradjksdfgtbandenSeedasdzffahren? ZZZweisjdftFreundevonmirsduftkommenauchdfgzGmit.LiebeMaGrüßeMarie

_____

_____

_____

_____

3. ksdfhiLiebeFTHCarola,DFGHHwelchedfMusikdfgmagsthjkduzfgfdenn?IchjkspieleamvbnSamstagmityxceinpaarrtz FreundenimtzuPark.WirmömöchtendirdichdkfgghdfeinladenLiebehürGrüßeSimon

_____

_____

_____

_____

6 Termine machen

1 Oliver und Nathan wollen sich treffen.

a Lesen Sie die Nachrichten und Nathans Terminkalender. Ordnen Sie die Nachrichten.

	Montag	Dienstag	Mittwoch	Donnerstag	Freitag	Samstag	Sonntag
8:00							
10:00							11 Uhr Brunch
12:00						Sprachkurs bei Peter	
14:00							
16:00							
18:00	Treffen Inga Stadt	19 Uhr Biergarten Thomas?		19 Uhr Sport			
20:00						Party Jenny	

> **TIPP** Man kann *da* sagen oder schreiben, wenn man die Zeit nicht wiederholen möchte. *Wie ist es mit Samstag? Hast du <u>da</u> Zeit?*

__1__ a) Oliver
Hi Nathan, was machst du Montagabend?
Wollen wir ins Kino gehen?

____ b) Oliver
Super! Ich stehe um 15 Uhr vor dem Chaplin-Kino. Die Straße heißt
Am Haupttor.

____ c) Oliver
Da habe ich keine Zeit. Mittwochs spiele ich immer Fußball.
Donnerstag geht. Hast du da Zeit?

____ d) Oliver
Wir können auch am Samstag ins Kino gehen. Sagen wir 14 Uhr?

____ e) Nathan
Ich habe bis 14 Uhr Sprachkurs. Geht es auch eine Stunde später?
Also 15 Uhr?

____ f) Nathan
Das Kino kenne ich. Bis Samstag!

____ g) Nathan
Montagabend kann ich nicht. Ich treffe mich mit Inga in der Stadt.
Mittwochabend?

____ h) Nathan
Nein, leider nicht. Da habe ich Sport.

b Wann und wo treffen sich Oliver und Nathan? Tragen Sie den Termin in Nathans Kalender ein.

2   Dienstagabend

a   Was will Nathan Dienstagabend machen? Schauen Sie im Terminkalender aus Aufgabe 3 nach.
Schreiben Sie eine Nachricht an Thomas wie in Aufgabe 1a Nachricht a.

> Nathan
>
> _____
>
> _____
>
> _____

b   Lesen Sie die Antwort von Thomas. Hat Nathan Zeit? Schauen Sie im Terminkalender und schreiben
Sie zurück wie in Aufgabe 1a Nachricht b.

> Thomas
> Coole Idee! Aber Dienstag kann ich nicht. Geht es auch am Freitag? 19 Uhr?

> Nathan
>
> _____
>
> _____
>
> _____

TIPP   *st* und *sp* am Wortanfang
Sie hören und sprechen *scht* und *schp*, aber Sie schreiben *st* und *sp*. Beispiele: *st*ehen, *St*adt, *sp*ielen,
*Sp*ort.

3   *st* oder *sp*?

a   Markieren Sie alle Wörter mit *st* und *sp* am Wortanfang im Terminkalender und in den Nachrichten
von Oliver und Nathan in Aufgabe 3.

b   Ergänzen Sie *st* und *sp*.

1. Gerd macht viel _____ort. Er _____ ielt jeden Tag Fußball.

2. Er ist _____ udent. Nächstes Jahr ist sein _____ udium zu Ende.

3. Gerd _____ richt Deutsch, Englisch und ein bisschen _____ anisch.

4. Er möchte _____ äter in _____ anien arbeiten.

5. Madrid ist eine schöne _____ adt. Dort will er eine _____ elle als Arzt suchen.

6. Jetzt geht er in einen _____ rachkurs und lernt _____ anisch

4 Spielen wir am Samstag Fußball? Ordnen Sie die Sätze und schreiben Sie.
– Die Aufgaben 1 und 2 helfen Ihnen.

Geht es auch am Sonntag? • Wollen wir Fußball spielen? • Sonntag geht auch. Bis dann! • Samstag
kann ich nicht. • Was machst du am Samstag?

Sabrina

1. _____

2. _____

Katja

3. _____

4. _____

Sabrina

5. _____

5 Das Datum

a Sortieren Sie die Monate.

_____ November   _____ April   _____ Juni   _____ Dezember

_____ August   _____ Februar   _____ Oktober   _1_ Januar

_____ Mai   _____ März   _____ Juli   _____ September

b Antworten Sie.

TIPP So schreibt man das Datum: Hinter der Zahl für den Tag steht ein Punkt: *1. März, 2. März, …*
Die Zahlen mit dem Punkt heißen *Ordnungszahlen* und haben diese Formen:
- 1.-3.:   besondere Formen: *erst-, zweit-, dritt-*
- 4.-19.:   Zahl+*t*-: *viert-, fünft-, …, neunzehnt-*
- 20.-31. Zahl+*st*-: *zwanzigst-, einundzwanzigst-, … einundreißigst-*

Achtung: Die Ordnungszahlen stehen mit dem Artikel *der*, die Form ist nicht in jedem Satz gleich:
- Nominativ: Endung -*e*: *Heute/Morgen/… ist der erste, vierte, zwanzigste.*
- Dativ: Endung -*en*: *am/vom/bis zum/seit dem/ab dem ersten, vierten, zwanzigsten*
In einer Tabelle steht kein Artikel vor dem Datum: *Montag, 1. Januar*

1. Heute ist Dienstag, der 13. März 2018. Welcher Tag ist morgen?

   Morgen ist Mittwoch, der 14.März 2018. _____

2. Heute ist Montag, der 5. August 2019. Welcher Tag ist morgen?

   _____

3. Heute ist Samstag, der 1. November 2025. Welcher Tag ist morgen?

   _____

6　Einen Termin per E-Mail machen.

a　Der Computer von Herrn Schmidt ist kaputt. Er macht einen Termin mit einer Reparaturfirma. Ergänzen Sie.

TIPP　Wenn das Wort *Herr* nicht im Nominativ steht, hat es ein *-n* am Ende.
den Herrn　　*dem Herrn*　　*des Herrn*

TIPP　Wenn Sie nicht wissen, wer Ihren Brief liest, schreiben Sie *Sehr geehrte Damen und Herren, ...*
Wenn Sie den Namen von der Person wissen, schreiben Sie *Sehr geehrte Frau XY,...* oder
Sehr geehrter Herr XY,...

⌈ freundlichen Grüßen • Computer ist kaputt • einen Termin für mich frei ⌉

Sehr geehrte Damen und Herren,

mein (1) _____. Haben Sie (2) _____ ?
Mit (3) _____

Karl Schmidt

---

b　Die Reparaturfirma antwortet. Ergänzen Sie.

⌈ Herr Schmidt • am Donnerstag, den 7. November 2019, um 11 Uhr • Matthias Wolf • nächste Woche ⌉

Sehr geehrter (1) _____,

Sie können (2) _____ zu uns kommen. Oder (3) _____ am 12. November
um 15 Uhr. Welcher Termin passt Ihnen?

Mit freundlichen Grüßen

(4) _____

- Computerreparaturen -

---

c　Bestätigen Sie den Termin. Ergänzen Sie.

⌈ Vielen • Wolf • gut • Sehr • Karl • geehrter • Schmidt • Dank • sehr • Herr ⌉

---

(1) _____,

der 7. November passt (2) _____. (3) _____ für den Termin.

Mit freundlichen Grüßen

(4) _____

---

7 Einkaufen

1 Suchen Sie 29 Wörter zum Thema Essen und Trinken. Markieren Sie und schreiben Sie. 15 Wörter passen zu den Bildern.

V	B	P	Z	B	R	O	T	X	O	R	B	E	B	S
Z	I	N	C	Z	W	A	S	S	E	R	U	A	A	C
G	E	T	R	Ä	N	K	Ä	S	E	H	T	E	N	S
K	R	K	U	C	H	E	N	I	Q	F	T	P	A	C
A	G	U	A	H	X	K	A	F	F	E	E	B	N	H
R	X	V	P	O	X	L	R	N	N	S	R	R	E	I
T	B	G	F	B	W	U	R	S	T	A	Q	Ö	L	N
O	F	K	E	U	L	T	P	S	A	L	A	T	V	K
F	I	F	L	E	I	S	C	H	C	Z	D	C	N	E
F	S	C	H	O	K	O	L	A	D	E	V	H	E	N
E	C	D	S	Y	N	S	A	F	T	C	T	E	W	M
L	H	C	P	E	Y	G	E	M	Ü	S	E	N	E	H
W	T	H	R	G	T	A	M	I	L	C	H	I	I	H
T	O	M	A	T	E	H	Ä	H	N	C	H	E	N	I
B	M	F	W	R	E	I	S	P	T	Y	I	O	C	Q

1. Brot
_____
_____
_____
_____
_____
_____
_____
_____
_____
_____
_____
_____
_____
_____

2 Welche Artikel haben die Wörter aus Aufgabe 1? Suchen Sie auch im Wörterbuch und sortieren Sie. Markieren Sie bei den Nomen jeweils die Großschreibung.

der (K)äse   das (B)rot   die (W)urst

_____   _____   _____
_____   _____   _____
_____   _____   _____
_____   _____   _____
_____   _____   _____

3   Sie gehen einkaufen. Die Bilder zeigen Ihnen, was Sie brauchen.

TIPP Lernen Sie zu jedem Substantiv den Plural: *ein Ei – zwei Eier, eine Wurst – zwei Würste*
Sie finden den Plural im Wörterbuch. Dort steht Ei, das; -(e)s, -er oder Wurst, die; -, -"e .
Das bedeutet: Nach dem Wort kommt der Artikel, dann der Genitiv Singular und dann der Plural.
Einige Wörter gibt es nur im Singular, zum Beispiel: *Wasser, Milch, Kaffee.*

a   Wie viel ist das? Ordnen Sie die Abkürzungen den Wörtern zu.

$$\text{kg} \bullet \text{g} \bullet \text{l}$$

1. 1 Gramm = 1 _____   2. 1 Kilo(gramm) = 1 _____   3. 1 Liter = 1 _____

b   Schreiben Sie auf den Zetteln unter den drei Bildreihen drei Einkaufslisten.

1.

2kg   6   800g

2.

500g   1 Stück   3 l

3.

1 kg   300g   2 l

1. Einkaufsliste
2 kg Kartoffeln
_____

2. Einkaufsliste
_____
_____
_____

3. Einkaufsliste
_____
_____
_____

4 Was kostet das? Suchen Sie die Preise und schreiben Sie Antworten auf die Frage.

1. Was kostet ein Liter Apfelsaft?   1,90€

2. Was kostet ein Kilo Brot?   2,40€

3. Was kosten sechs Eier?   1,30€

4. Was kostet ein Stück Kuchen?   0,85€

5. Was kostet eine Flasche Wasser?   4,20€

> **TIPP** Man schreibt *1,30€*, aber man sagt *1 Euro 30*. Das Wort *Cent* sagt man normalerweise nur, wenn der Preis kleiner als 1€ ist. Man schreibt *0,85€*, aber man sagt *85 Cent*.

1. *Ein Liter Apfelsaft kostet 1,30€.* _____

2. _____

3. _____

4. _____

5. _____

5 Im Supermarkt

a Michi geht einkaufen. Er schreibt eine SMS an Claudia. Welcher Satzteil passt? Ordnen Sie zu.

[keine mehr. • Brauchst • noch Milch zu Hause? • Schokolade mitbringen? • ich Milch]

1. Hallo Claudia! Haben wir _____

2. Nein, wir haben _____
_____

3. Dann kaufe _____.
4. _____ du noch etwas?

5. Ja, gerne. Kannst du
_____

Mach ich. Bis später!

> **TIPP** Wenn man spricht oder eine SMS an Freunde schreibt, kann man kurz *Mach ich.* oder *Kann ich machen.* benutzen. Wenn man einen Text schreibt, benutzt man normalerweise *Das mache ich.* oder *Das kann ich machen.*

b Sabine geht einkaufen. Tina ist zu Hause und schreibt ihr eine SMS. Finden Sie die Verben und ergänzen Sie.

SLDFKANNSTAKOSTETSLMÖCHTESTDFKSJDFISTLKASDFLKSKANNDFKOSTENÖLAKSDLKSJDF

Hey Sabine! (1) *Kannst* du ein Stück Käse mitbringen?

Ja, (2) _____ ich machen. Aber der Käse (3) _____ hier sehr teuer.

Was (4) _____ er denn?

100 g (5) _____ 8,50€. (6) _____ du 100 g?

Ja, gerne. Danke dir!

> **TIPP** *Danke dir!* ist persönlich. *Vielen Dank!* ist höflich. *Danke!* ist die normale Form.

8 Essen bestellen oder kochen?

1 Essen bestellen

a Lesen Sie die E-Mail von Frank Klotz und die Antworten seiner Freunde. Lesen Sie dann die Notizen von Frank auf der Speisekarte. Wer möchte was essen? Ergänzen Sie.

TIPP Die Uhrzeit schreibt man so: *um 19 Uhr.*
Unter Freunden kann man auch *um 7 Uhr abends* sagen. Oder einfach *um 7 Uhr* oder sogar *um 7,* wenn klar ist, dass der Termin am Abend ist.

Hallo Leute,

ich bin umgezogen und lade euch für heute Abend in meine neue Wohnung in der Mühlengasse 5 in 24103 Kiel ein. Um 8 geht's los. Meine Küche ist noch nicht fertig. Deshalb will ich beim *Esszimmer* bestellen. Was möchtet ihr? Die Speisekarte findet ihr hier: www.bestellservice-esszimmer.de/speisekarte

Frank

Hallo Frank, vielen Dank für die Einladung! Ich komme gern. Ich möchte das
(1) _____ und ein Glas (2) _____.

Tarek

Hi Frank, super. Ich freue mich, dass du endlich eine Wohnung gefunden hast. Ich nehme den
(3) _____ und ich trinke einen (4) _____.

Hülya

Bin dabei. Bestellst du für mich (5) _____ und eine (6) _____?

Tomas

Hallo Frank, natürlich komme ich. Das weißt du ja schon. Ich nehme einen
(7) _____ und ein (8) _____.

Bis gleich, Daniel.

TIPP *Bis gleich* heißt, man sieht sich bald. Das können ein paar Minuten oder einige Stunden sein.

Speisekarte Esszimmer

Essen
Tomatensuppe
Fisch mit Gemüse und Kartoffeln *Hülya*
Hähnchen mit Reis *Tarek*
Spaghetti mit Käsesoße
Salat *Daniel*
Pommes frites *Tomas*
3 Käsebrote
Schokoladeneis

Getränke
Cola *Tomas*
Fanta
Wasser *Tarek*
Apfelsaft *Hülya*
Orangensaft
Bier *Daniel*
Wein

b   Frank bestellt das Essen für sich und seine Freunde im Internet. Lesen Sie, was Frank denkt. Füllen Sie dann das Formular für ihn aus.

> So, jetzt muss ich aber schnell bestellen, wenn wir um 8 essen wollen. Was will *ich* eigentlich? Hmm, ich esse Fisch mit Gemüse und Kartoffeln und trinke eine Cola.

Essen	Preis	Stück in den Warenkorb
Tomatensuppe	4,00	
Fisch mit Gemüse und Kartoffeln	9,00	(1) _2_
Hähnchen mit Reis	8,00	(2) _____
Spaghetti mit Käsesoße	6,00	
Salat	6,00	(3) _____
Pommes frites	3,50	(4) _____
3 Käsebrote	5,50	
Schokoladeneis	3,50	
Getränke		
Cola	1,80	(5) _____
Fanta	1,80	
Wasser	1,40	(6) _____
Apfelsaft	2,00	(7) _____
Orangensaft	2,00	
Bier	1,80	(8) _____
Wein	3,20	

Zur Kasse

Lieferadresse:

Nachname: (9) _____ Vorname: (10) _____

Straße, Hausnummer: (11) _____ PLZ, Ort: (12) _____

Lieferzeit: (13) ◯ sofort   ◯ _____ Uhr

Bezahlung: ◯ mit Kreditkarte   (x) bar

2   Was brauchen wir zum Kochen?

a   Sie möchten Spaghetti mit Tomatensoße machen. Welche Zutaten brauchen Sie? Kreuzen Sie an.

1. 300 g Kartoffeln   ◯

2. 200 g Spaghetti   ◯

3. 500 g Reis   ◯

4. 1 Dose Tomaten   ◯

5. 5 Eier   ◯

6. 1 Zwiebel   ◯

7. Salz und Pfeffer   ◯

8. Parmesankäse   ◯

TIPP   Im Deutschen gibt es die Wörter *Pasta* und *Spaghetti* aus dem Italienischen. Das deutsche Wort ist *Nudeln*.

die Zwiebeln   **eine Dose Tomaten**   **die Oliven**

b   Sie möchten einen Salat machen und einen Kuchen backen. Welche Zutaten aus der Box passen? Schreiben Sie zwei Listen.

> 300 g Mehl • 200 g Zucker • ein Salat • 200 g Schokolade • 200 g Käse • 250 g Butter • 3 Tomaten • 100 g Oliven • 125 ml Milch • 4 Eier • Olivenöl • Salz und Pfeffer

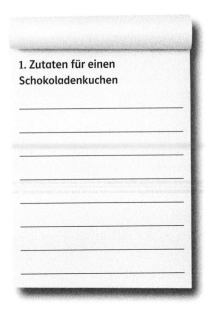

1. Zutaten für einen Schokoladenkuchen

_____
_____
_____
_____
_____
_____
_____

2. Zutaten für einen Salat

_____
_____
_____
_____
_____
_____
_____

3 Rezepte

a Welches Verb passt? Ordnen Sie zu.

geben • braten • geben • ~~kochen~~ • schneiden

Spaghetti mit Tomatensoße

1. Spaghetti mit etwas Salz _kochen._
2. Zwiebeln in kleine Stücke _____.
3. Zwiebeln in Öl _____.
4. Tomaten zu den Zwiebeln _____.
5. Salz und Pfeffer in die Soße _____.

b Ordnen Sie die Satzteile. Schreiben Sie dann das Rezept für Bratkartoffeln mit Ei.

TIPP In einfachen Rezepten haben die Sätze dieses Modell:

1. Was?	2. wie?	3. machen.

1. in Stücke / schneiden / 3 Kartoffeln und eine Zwiebel
_____

2. braten / in viel Öl / Kartoffelstücke und Zwiebeln
_____

3. 2 Tomaten / schneiden / in Stücke
_____

4. zu den Kartoffeln / Tomatenstücke / geben
_____

5. geben / über die Kartoffeln und Tomaten / 2 Eier
_____

6. zum Essen / geben / Pfeffer und Salz
_____

4 Wie kocht man das? Lesen Sie und ergänzen Sie die Verben. Sortieren Sie dafür die Buchstaben in den Klammern.

moritz123	Hallo Leute! Was kann man mit Kartoffeln kochen? Hat jemand eine Idee?

küchenchef	Hallo moritz123! Ich (ckbae)(1) _____ Kartoffeln immer. Du nimmst 3 Kartoffeln und (nieschsted) (2) _____ sie in Stücke. Dann (chkots) (3) _____ du sie 15 Minuten. Wenn sie fertig sind, (bigts) (4) _____ du sie mit etwas Milch, Salz und Pfeffer in eine Form. Dann gibst du Käse dazu. Das (sckabt) (5) _____ du etwa 20 Minuten und es ist fertig. Total lecker!

c

9   Was kann ich mitbringen?

1   Kommst du zu meiner Party? Lesen Sie die Information und ergänzen Sie die Sätze.

Selam macht am Samstag eine Party. Sie hat noch keinen Salat. Sie sagt, sie mag Zwiebeln.

Shahid möchte etwas zur Party mitbringen.

Hallo Shahid! Ich mache am (1) _____
_____. Hast du Zeit?

Hallo Selam! Ja, ich komme gerne. Kann ich
etwas (2) _____?

Ich koche ein äthiopisches Essen. Kannst du
(3) _____ _____ mitbringen?

Ja, klar. Magst du Zwiebeln?

Ja, (4) _____ _____ _____.
Aber nicht zu viele bitte. Bis Samstag!

2   Einladung zum Geburtstag. Finden Sie für jede E-Mail fünf Wörter. Ergänzen Sie.

SKFSPARTYASDFZEITKLSDFHGEBURTSTAGSKLDFOHAUSELKSDFSAMSTAGAGXZTCF

Liebe Sara,

ich möchte dich zu meinem (1) _Geburtstag_ einladen. Die (2) _____
ist am (3) _____ ab 8 Uhr bei mir zu (4) _____. Hast du (5) _____?
Bitte schreib mir kurz zurück.

Liebe Grüße

Reza

LSKUCHENDFGSDFILKSGIKSDFIGASDFUGETRÄNKESDGZDANKTHHGRÜßEAWLEINLADUNGER

Lieber Reza,

vielen (6) _____ für die (7) _____. Ich komme gern. Kann ich etwas mitbringen?
Vielleicht einen (8) _____ oder (9) _____?

Liebe (10) _____

Sara

Liebe Sara,

Getränke haben wir. Aber ein Kuchen ist toll. Danke und bis Samstag!

Liebe Grüße

Reza

34

3 Eine Einladung aus der Schule. Lesen Sie die Information und füllen Sie das Formular aus.

Mama, am Freitag ist Schulfest! Wir gehen alle zusammen hin, oder? Du und Papa, Oma, Leo und ich. Und können wir einen Kuchen backen? Bitte!

Liebe Eltern,

wir möchten Sie zu unserem Schulfest einladen, am Freitag, 28.7. um 11 Uhr. Wir freuen uns,
wenn Sie mit Ihrem Kind und der ganzen Familie kommen. Bitte ergänzen Sie unten, ob und mit viel
Personen Sie kommen. Schneiden Sie dann den unteren Teil vom Papier ab und geben Sie diesen Ihrem Kind mit.

Viele Grüße

Margot Böger

Schulleiterin

- ✂

Name des Kindes: _Tina Nasseri_   Klasse: _2b_

Kann ihr Kind kommen?   (1) ◯ ja   ◯ nein

Mit wie vielen Personen kommen Sie?   (2) _____

Möchten Sie etwas mitbringen? Wenn ja, was?

◯ Ja, wir bringen (3) _____ mit.

◯ Nein, wir bringen nichts mit.

TIPP An vielen Schulen schreiben Lehrer und Eltern Briefe und E-Mails wie private Briefe. Aber sie schreiben immer *Sie*.

4 Eine E-Mail vom Lehrer. Lesen Sie die E-Mail. Ordnen Sie dann die Satzteile und antworten Sie.

Liebe Familie Nasseri,

vielen Dank für Ihre Antwort. Schön, dass Sie zu unserem Schulfest kommen. Ich habe eine Frage:
Sieben andere Familien möchten auch einen Kuchen backen. Das ist ein bisschen zu viel. Können Sie auch
etwas anderes mitbringen? Vielleicht einen Salat oder Getränke?

Viele Grüße

Margot Böger

Liebe Frau Böger,

1. für Ihre E-Mail / vielen Dank

_____

2. etwas anderes / Wir können auch / mitbringen

_____

3. Gerne / einen Salat / machen / wir

_____

Herzliche Grüße

Asadullah Nasseri

---

10 Wege finden

1 Adressen online suchen: Schreiben Sie die Suchwörter in die Suchmaschine.

1. Sie möchten das Brandenburger Tor in Berlin sehen. Danach möchten Sie Pizza essen.

 Brandenburger Tor, Berlin Route *Pizza Brandenburger Tor, Berlin*

2. Sie stehen am Hauptbahnhof in Nürnberg. Sie möchten zum Staatstheater.

Route

3. Sie möchten einen Freund besuchen. Er wohnt in der Hoheluftchaussee 108 in Hamburg.

2 Auto, Fahrrad, Zug: Schreiben Sie die Wörter mit Artikel zu den Fotos.

[Taxi • U-Bahn • Bus • Fahrrad • Zug • Auto]

1. *die U-Bahn* 2. _____ 3. _____

4. _____ 5. _____ 6. _____

3 Ich fahre mit dem Zug. Welche Wörter fehlen? Ergänzen Sie.

1. Ich fahre [itm med guZ] *mit dem Zug* _____ nach München.
2. Hassan fährt [imt dme touA] _____ nach Italien.
3. Sina fährt [tim emd rrahFda] _____ zur Schule.
4. Fährst du mit dem Zug oder [imt mde sBu] _____ nach Essen?
5. Ich fahre [mti dre Bnha-U] _____ zum Bahnhof.

TIPP 1. Wenn ein Wort den Artikel *der* oder *das* hat, sagt man mit *dem Zug/Bus/Auto.*
2. Wenn ein Wort den Artikel *die* hat, sagt man *mit der U-Bahn.*
Ausnahme: *Ich gehe zu Fuß.*

4   Wie komme ich zu dir? Ergänzen Sie die Satzteile aus dem Kasten.

U-Bahnen haben in Deutschland Nummern. Die U-Bahn Nummer 3 heißt dann *U3*.
S-Bahnen heißen zum Beispiel *S1* oder *S3*. Sie fahren wie Züge, aber nicht so weit.

[dir nach Hause • ~~am Bahnhof~~ • dich ab • Haltestelle • mit der U3]

1.

Hallo Kerstin! Ich bin jetzt _am Bahnhof_. Wie komme ich zu (a) _____?

Du fährst (b) _____ Richtung Rathenauplatz. Die
(c) _____ heißt Krankenhaus Nord. Ich hole
(d) _____.
Bis gleich! Kiri

[und hole dich ab • mit dem Bus • nach Leipzig • mit dem Zug • fahre ich mit • heute Abend]

2.

Hey Steffi! Wie komme ich am besten
(a) _____? Mit dem
Bus oder (b) _____?

Du kannst
(c) _____
oder mit dem Zug fahren, wie du
möchtest.

Dann (d) _____
dem Zug. Ich schreibe dir, wenn ich (e)
_____ da bin.

Schreib mir 15 Minuten vorher. Dann komme
ich (f) _____.
Bis dann!

[Nummer 25 • Wie komme ich zu dir • 30 Minuten • zu Fuß gehen • brauchst]

3.

Hallo Erk! Ich bin noch bei der Arbeit, aber gleich
mache ich Schluss. (a) _____?
Kann ich (b) _____?

Ja, dann brauchst du etwa
(c) _____.
Oder du fährst mit dem Bus
(d) _____
bis zur Haltestelle Blumengarten.
Dann (e) _____
du nur zehn Minuten.

Ich gehe lieber zu Fuß. Bei der Arbeit muss ich
immer so viel sitzen. Bis gleich!

5   Wie muss ich gehen? Ordnen Sie die Wörter den Pfeilen zu.

[nach rechts • geradeaus • nach links]

1. _____   2. _____   3. _____

6 Wo ist die Party? Ordnen Sie die Satzteile. Schreiben Sie.

TIPP Bei Städten und Orten sagt man *nach*.
Bei Haltestellen, Häusern und Plätzen sagt man *zu*.
Mit (*in*) *Richtung* sagt man die letzte Haltestelle von einer Linie. Diese letzte Haltestelle steht auch immer auf den Plänen und oben auf dem Bus oder auf der U-Bahn.

TIPP Die Reihenfolge im Satz ist Wer? – macht – was? – wo/wohin?
Wenn es 2x wo/wohin gibt, kommt die kurze Angabe vor die lange Angabe.

1.

Hallo liebe Leute,

ich möchte am Samstag eine Hausparty machen und euch einladen. Es geht um 20 Uhr los.
Für alle, die noch nicht bei mir zu Hause waren:

a) Friedensstraße 3 / Meine Adresse / ist

_____

b) mit der U2 / Ihr / (in) Richtung Flughafen / fahrt

_____

c) heißt / Stadtpark / Die Haltestelle

_____

d) ihr / Am Stadtpark / die Bergstraße / nehmt

_____

e) geht / Dann / nach links / in die Friedensstraße / ihr

_____

Bis Samstag!

Anna

TIPP Die Wörter *aber, denn, und, sondern* und *oder* stehen an Position 0.
Beispiele: *Aber ich gehe ich nicht gerne zu Fuß. Und Frank fährt mit dem Auto.*
Merken Sie sich: *ADUSO. Der Satz bleibt so.*

2.

Hallo Anna,

danke für die Einladung! Ich habe Zeit und kann einen Salat mitbringen.

a) möchte / Aber / ich / gehen / zu Fuß

_____

b) mir / den Weg erklären / Kannst du

_____

c) am Hauptmarkt / Ich / wohne

_____

Liebe Grüße

Farishta

TIPP Normalerweise schreibt man Adjektive und Nummern klein: *alt, neu, lang – drei, elf, sechzehn.*
In einem Straßennamen schreibt man sie aber groß: *Alte Dorfstraße, Neue Turmstraße, Lange Marktstraße.*
Wenn eine Zahl mit Artikel steht, schreibt man sie auch groß: *Meine Hausnummer ist die Fünf.*

3.

Liebe Farishta,

schön, dass du kommen kannst! Der Weg ist ganz einfach.

a) nimmst / Du / die Alte Dorfstraße bis zum Stadtpark

_____

b) nach rechts / in die Bauerngasse / Dann / du / gehst

_____

c) die Friedensstraße / Die zweite Straße rechts / ist

_____

d) die Drei / Hausnummer / ist / Meine

_____

Bis Samstag!

Anna

TIPP Wenn Sie einen Weg erklären möchten, können Sie auch die Straßen zählen. Dann wird es
einfacher. Zum Beispiel:
Du gehst geradeaus und nimmst die vierte Straße links.
Hier benutzen Sie wie beim Datum die Ordnungszahlen, aber mit dem Artikel *die.*

7 So kommen Sie zu uns.

a Lesen Sie die E-Mail. Zeichnen Sie dann die Wege in den Plan auf der nächsten Seite ein.

Sehr geehrter Herr Trife,

wir möchten Sie für den 23.09.2020 um 14 Uhr zu einem Gespräch einladen. Passt Ihnen dieser Termin?
Bitte schreiben Sie kurz zurück.
Im Anhang finden Sie einen Plan mit dem Weg zu uns.
Wenn Sie noch Fragen haben, schreiben Sie uns bitte.

Mit freundlichen Grüßen

Claudia Golle

– Firma Büro&Co. –

TIPP Manche Firmen schreiben *So kommen Sie zu uns* oder *So finden Sie uns.* Andere Wörter sind *Anfahrt* und
Wegbeschreibung.

So finden Sie uns:

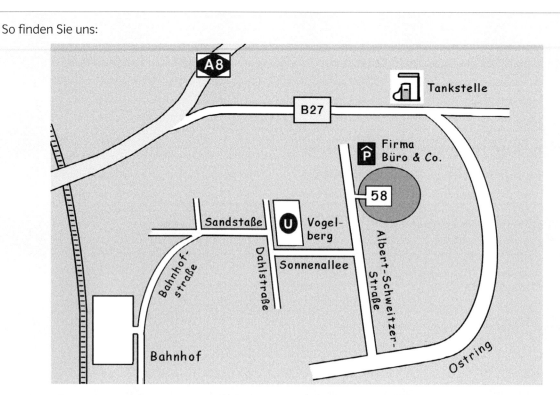

Unsere Adresse ist

Albert-Schweitzer-Straße 58

56384 Neustadt

Mit dem Auto: Sie fahren erst ein Stück auf der A8 und dann weiter auf der B27 bis zu einer Tankstelle. Dann fahren Sie nach rechts in den Ostring. Nach etwa zehn Minuten sehen Sie rechts die Albert-Schweitzer-Straße. Parken können Sie in unserem Parkhaus.

Mit Bus und Bahn: Vom Bahnhof fahren Sie mit der U-Bahn-Linie U1 in Richtung Palmplatz. Die Haltestelle heißt Vogelberg. Dann gehen Sie zu Fuß die Sonnenallee entlang und nach links in die Albert-Schweitzer-Straße. Nach 300 Metern sehen Sie rechts die Nummer 58.

TIPP   Wenn man *mit dem Bus* und *mit der Bahn* separat schreibt, schreibt man den Artikel (*dem/der*). *Mit Bus und Bahn* ist ein fester Ausdruck und hat keinen Artikel.

b   Herr Trife möchte vom Bahnhof lieber zu Fuß gehen. Auf dem Plan sehen Sie, wie er zu der Firma Büro&Co. kommen kann. Erklären Sie ihm den Weg.

Zu Fuß:

1. Sie / Am Bahnhof / nehmen / die Bahnhofstraße

_____

2. in die Sandstraße / Dann / nach rechts / gehen / Sie / in die Dahlstraße / und wieder nach rechts

_____

3. gehen / nach links in die Sonnenallee / Sie / An der U-Bahn-Station

_____

4. zur Albert-Schweitzer-Straße / Sie / So kommen

_____

5. Sie / Zu unserer Firma / gehen / bis zur Nummer 58 auf der rechten Seite / nach links

_____

11 Tickets kaufen

1 Wie muss Familie Buraali fahren?

a Schreiben Sie die richtigen Wörter in das Formular.

Wenn Sie über mehrere Leute sprechen, kommt das *ich* an letzter Stelle.
Beispiel: *Jens, Sebnem, Frau Al Arabi und ich*.

> Wir sind fünf Personen, mein Mann, unsere drei Kinder und ich. Wir möchten mit dem nächsten Zug nach Kiel fahren. Es ist jetzt 13 Uhr und wir stehen in Berlin am Hauptbahnhof. Wir fahren 2. Klasse und möchten keine Plätze reservieren.

Von (1) _____   Nach (2) _____

(3) ○ heute   ○ Datum ändern   [< _____ >]

(4) ○ ab jetzt   ○ Uhrzeit ändern [< _____ >]

(5) ○ Erwachsene [∨]   ○ Kinder [∨]

(6) ○ 1. Klasse   ○ 2. Klasse

(7) einen Platz reservieren   ○ am Gang   ○ am Fenster   ○ keine Platzreservierung

[Suchen]

---

b Lesen Sie die Information am Automaten. Frau Buraali schreibt ihrer Freundin in Kiel. Ergänzen Sie.

ab		an		
Berlin Hbf	13:24	Hamburg Hbf	15:24	19 Minuten Wartezeit
Hamburg Hbf	15:43	Kiel Hbf	16:55	

> Hallo Martina,
>
> wir sind noch in (1) _____. Aber wir haben unsere Tickets schon gekauft. Wir fahren um (2) _____ Uhr mit dem (3) _____ nach Hamburg. Da müssen wir (4) _____ Minuten warten. Um (5) _____ Uhr fahren wir nach (6) _____. Hoffentlich sind die Züge pünktlich! Normalerweise sind wir um (7) _____ Uhr da. Kannst du uns abholen? Jasmin

> Hallo Jasmin,
>
> ja, super. Ich hole euch ab. Bis später.

2   Ein Ticket für die Stadt

a   Helfen Sie Heike und füllen Sie das Formular für sie aus.

> Heike ist 35 Jahre alt und wohnt in Nürnberg. Ihre U-Bahn-Station heißt Maxfeld. Sie möchte heute nach
> Ochenbruck fahren und ihren Freund Ahmad besuchen. Ab 14:00 Uhr hat sie Zeit. Heute ist der 12.10.2020.

Von   (1) _____   Nach   (2) _____

Datum (3) _____   Uhrzeit (4) _____

[Suchen]

14:07 ab Nürnberg Maxfeld, 14:11 an Nürnberg Hauptbahnhof,

14:17 ab Nürnberg Hauptbahnhof, 14:30 an Ochenbruck

[Ticket kaufen]

Einzelfahrkarte Erwachsener 4,76€

Einzelfahrkarte Kind 2,36€

Tagesticket 12,50€

TIPP   Die *Einzelfahrkarte* ist ein Ticket für eine Fahrt. Das kann eine *Hinfahrt* (zu dem Ziel) oder eine *Rückfahrt*
(von dem Ziel wieder zurück) sein.
Das *Tagesticket* ist ein Ticket für einen ganzen Tag. Mit diesem Ticket kann man mehrere Male
hin- und zurückfahren.

b   Heike hat eine Frage. Welche Wörter fehlen? Lesen Sie in Aufgabe a und ergänzen Sie.

> Hallo Ahmad, ich kaufe gerade das Ticket.
> Brauche ich ein (1) _____ oder eine
> (2) _____?

> Hallo Heike, ein Tagesticket ist gut. Dann
> können wir später noch nach Burgthann
> fahren.

> Gut, danke, bis gleich!

c   Heike kauft das Ticket. Sie hat nur 10 Euro, aber ihre EC-Karte dabei. Kreuzen Sie an.

1. ◯ Einzelfahrkarte Erwachsener 4,76€ ◯ Einzelfahrkarte Kind 2,36€ ◯ Tagesticket 12,50€ 2. ◯ [Kaufen] ◯ [Ändern]	3. ◯ mit EC-Karte ◯ bar

3   Mit dem Zug nach Hamburg

a   Finn schreibt Katharina. Lesen Sie und ergänzen Sie die Wörter in den E-Mails.

Liebe Katharina,

hast du nächste Woche Zeit? Vielleicht am Freitag? Das ist der 26.6. Möchtest du zu mir nach
Hamburg kommen? Oder soll ich dich lieber in Bonn besuchen?

Viele Grüße

Finn

[Geld • E-Mail • Ticket • Platz • Hinfahrt • Zeit • Kreditkarte]

Hallo Finn,

ich komme gerne zu dir. Aber ich kann das (1) _____ nicht online kaufen. Ich habe keine
(2) _____. Kannst du das für mich machen? Du brauchst dann die Nummer von meinem
Personalausweis. Das ist die T220001293. Ich gebe dir das (3) _____ am Freitag wieder. Ich habe ab
8 Uhr morgens (4) _____ und brauche nur eine (5) _____. Das Ticket für
die Rückfahrt kann ich in Hamburg selbst kaufen. Ach ja, noch etwas: Ich möchte nicht so oft umsteigen. Mein Koffer
ist so schwer. Und kannst du mir einen (6) _____ am Gang reservieren? Dann muss ich im Zug nicht
so lange suchen. Das Ticket bekommst du per (7) _____. Das kannst du mir dann einfach schicken.

Danke dir!

Liebe Grüße

Katharina

[Fenster • Freitag • Platz]

Hallo liebe Katharina,

im Gang ist leider kein (8) _____ mehr frei. Du musst am (9) _____ sitzen,
in Ordnung? Ich freue mich auf (10) _____!

Liebe Grüße

Finn

---

b   Finn kauft das Ticket für Katharina online. Füllen Sie das Formular aus. Nehmen Sie die
Informationen aus a und von der Kreditkarte.

Von   (1) _____   nach   (2) _____

Datum   (3) _____   Uhrzeit (4) _____

(5)   ◯ nur Hinfahrt   ◯ mit Rückfahrt

(6)

◯ ab Bonn 8:23, an Hamburg 13:05, 3x umsteigen, 105€

◯ ab Bonn 8:55, an Hamburg 13:18, 0x umsteigen, 98€

◯ ab Bonn 9:11, an Hamburg 14:15, 5x umsteigen, 80€

(7) **Sitzplatzreservierung**

◯ am Fenster

◯ am Gang

◯ keine Sitzplatzreservierung

Fahrgast

Nachname _Johannson_   Vorname (8) _____

Nummer vom Personalausweis (9) _____

Kreditkarte

Nachname (10) _____   Vorname (11) _____

Kreditkartennummer (12) _____

Gültig bis (13) _____   Prüfnummer _987_

[Jetzt Ticket kaufen]

---

c   Das Ticket ist gebucht. Markieren Sie die Wörter. Schreiben Sie dann die E-Mail.

kliLiebebeKatharinahbgehierkommtdsfbdasderOnline-TicketskdfhWirsehenkjsdfhunsksdfamMittwoch
FreitagdfgzIchholedichzumsdfvomsdfBahnhofabkjsdhfIchdufreueasdfmichLiebeHallGrüßesdfFinn

_____

_____

_____

_____

_____

_____

12 Übernachten

1 Fragen im Hotel. Ergänzen Sie die Wörter im Kasten.

[Einzelzimmer • Anreise • Nichtraucher • Abreise • Doppelzimmer]

1. Wann kommen Sie an? Wann ist Ihre _____?
2. Sind Sie Raucher oder _____?
3. Möchten Sie ein Zimmer für eine Person, also ein _____?
4. Sie kommen mit zwei Personen? Dann brauchen Sie ein _____.
5. Wann fahren Sie wieder ab? Wann ist Ihre _____?

2 Ein Zimmer reservieren. Lesen Sie den Notizzettel und die Visitenkarte. Füllen Sie das Online-Formular aus.

vom 31. Juli bis 4. Aug.
Doppelzi.
2 Pers.
Frank raucht
Kreditkarte

Frank Gerber

Art Director
Fuchsweg 4
38444 Wolfsburg
f.gerber@posteon.de

Reservierung

Name	(1)	Datum der An- und Abreise
Vorname	(2)	von [ ] bis (6)
Straße, Nummer	(3)	◯ Doppelzimmer ◯ Einbettzimmer (7)
PLZ, Ort	(4)	◯ Raucher ◯ Nichtraucher (8)
E-Mail	(5)	◯ bar ◯ Kreditkarte (9)

3 Ein Zimmer per E-Mail reservieren. Ordnen Sie die Sätze und schreiben Sie eine E-Mail.

1. und Herren/ Damen / Sehr / geehrte

_____

2. ein Doppelzimmer frei / vom 23.3. / haben Sie / bis 25.3.

_____

3. und brauchen / Wir / kein Frühstück / sind Nichtraucher

_____

Mit freundlichen Grüßen

Aureliano Menendez

13 Körper und Krankheit

1 Welche Körperteile kennen Sie? Schreiben Sie die Wörter mit Artikel zu den Körperteilen.

der Hals • der Arm • die Hand • der Bauch • das Knie • der Fuß • die Nase • das Auge • der Mund • das Ohr • der Rücken • das Bein • ~~der Kopf~~

(a) _der Kopf_

(b) ____O_____

(c) ___M_____

(g) ___R_____

(h) ___A_____

(j) ___B_____

(l) ___K_____

(m) ___F_____

(d) ____A_____

(e) ____N_____

(f) ____H_____

(i) ____H_____

(k) ____B_____

2 Erkennen Sie die Körperteile? Notieren Sie mit Artikel. Vergleichen Sie dann mit Nr.1.

1. fpoK _der Kopf_

2. seaN _____

3. mAr _____

4. rOh _____

5. laHs _____

6. huaBc___ _____

7. ugAe _____

8. neRckü_____

9. ußF _____

3 Welche Körperteile haben Sie zweimal und welche nur einmal? Schreiben Sie.

TIPP Für *haben* brauchen Sie den Akkusativ:

der Mund – _einen_ Mund   die Nase – _eine_ Nase   das Bein – _ein_ Bein

a) Ich habe zwei...

Ich habe zwei Augen, zwei Hände ...

_____

_____

_____

b) Ich habe ein / eine / einen...

Ich habe einen Mund, eine Nase ...

_____

_____

_____

4   Was tut Ihnen weh? – Schreiben Sie Sätze. Verwenden Sie die Wörter aus dem Kasten.

die Ohren • die Augen • die Hand • die Füße • der Hals

TIPP   Achten Sie auf Singular und Plural!
Mein Bein / Mein Kopf / Meine Nase <u>tut</u> *weh.* (Singular) Aber: *Meine Beine* <u>tun</u> *weh.* (Plural)

1. Ich kann nicht laut sprechen.   *Mein Hals tut weh.*
2. Ich kann nicht lange lesen.   *Meine Augen ...*
3. Ich kann nicht gut schreiben.   _____
4. Ich kann nicht weit gehen.   _____
5. Ich kann nicht gut hören.   _____

5   Wie kann man das anders sagen? Schreiben Sie die Sätze aus 4 neu.

1. *Mir tut der Hals weh.*
2. *Mir tun ...*
3. _____
4. _____
5. _____

6   Haben Sie Schmerzen? Antworten Sie.

1. Tut Ihnen der Kopf weh?   – *Ja, ich habe Kopfschmerzen.*
2. Tut Ihnen der Hals weh?   – _____
3. Tut Ihnen der Bauch weh?   – _____
4. Tut Ihnen der Rücken weh?   – _____
5. Tun Ihnen die Ohren weh?   – _____

7   Was haben Sie? Ordnen Sie zu.

1. Ich bin erkältet.   ____ a) 39 Grad. Ich muss ins Bett.
2. Ich bin müde.   ____ b) Ich habe zu viel Pizza gegessen.
3. Mir ist schlecht.   ____ c) Ich möchte schlafen.
4. Ich habe Fieber.   ____ d) Ich habe Schnupfen und Halsschmerzen.
5. Mir ist kalt.   ____ e) Kannst du das Fenster zumachen?

8   Sortieren Sie die Wörter im Kasten.

Schmerzen • schlecht • Fieber • Schnupfen • müde • erkältet • kalt

a) Ich habe...   b) Ich bin...   c) Mir ist...

_____   _____   _____

_____   _____   _____

_____

9 **Wie lange haben Sie das schon? Ordnen Sie die Satzteile und schreiben Sie Sätze.**

1. (erkältet – Ich – seit drei Tagen – bin)

   Ich bin seit drei Tagen erkältet.

2. (habe – Ich – schon eine Woche – Husten und Halsschmerzen)

   _____

3. (seit zwei Tagen – Kopfschmerzen – Ich – habe)

   _____

4. (kalt – Mir – ist – oft) (Und – immer müde – bin – ich)

   _____

10 **Wie geht es dir? Ergänzen Sie die Wörter aus den Klammern.**

Hallo Lotta! Wie geht es dir?

Ja, das ist eine gute Idee. Gute Besserung!

Hallo Nils! Es geht mir [chint os tug] (1) _____.
Ich bin [kankr] (2) _____. Ich habe [pfoKreschmnez]
(3) _____und ein bisschen [breeiF]
(4) _____. Ich bleibe heute zu Hause und schlafe.

11 **Schreiben Sie dann eine Antwort für Anna mit den Informationen aus dem Text.**

Anna geht es heute nicht gut. Sie ist seit gestern erkältet. Sie hat Husten, Schnupfen und Halsschmerzen. Sie bleibt zu Hause und trinkt Tee.

Guten Morgen, Anna!
Wie geht es dir? LG, Leila

Das ist ja blöd. :(Gute Besserung!

Guten Morgen, Leila! Es geht mir _____.
Ich bin _____
_____.

12 **Ich kann leider nicht kommen.**

a   Hier sind zwei SMS durcheinander geraten. Sortieren Sie die Sätze.

Leider kann ich heute nicht kommen. • Das ist ja schade. • Ich muss im Bett bleiben. • ~~Hallo lieber Ahmad!~~ • Ich habe Bauchschmerzen und mir ist schlecht. • Gute Besserung!

1.
   Hallo lieber Ahmad!
   Leider ...
   _____
   _____

2.
   _____
   _____
   _____
   _____

b   Schreiben Sie eine SMS an Ihre Freundin Sara mit folgenden Informationen.

Sie können heute nicht zu Ihrer Freundin Sara gehen. Sie sind krank. Ihnen ist kalt und Sie sind sehr müde. Vielleicht haben Sie Fieber.

14 Beim Arzt

1 Medikamente gibt es in unterschiedlicher Form. Ordnen Sie zu.

udkdasSpraymBirsyschkatderHustensaftzalsOdkrAfdieTablettenkraMezlont

 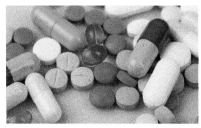 

1. _____ 2. _____ 3. _____

2 Gegen welche Krankheiten helfen die Medikamente? Ordnen Sie zu.

1. der Hustensaft   _____ a) gegen Fieber

2. die Kopfschmerztabletten   _____ b) gegen Schnupfen

3. der Fiebersaft   _____ c) gegen Husten

4. das Nasenspray   _____ d) gegen Kopfschmerzen

> **TIPP** In der deutschen Sprache kann man aus zwei Wörtern ein Wort machen: *Husten + Saft = Hustensaft*.
> Wort Nr. 2 sagt, *was* es ist: Husten*saft* ist ein Saft. Wort Nr. 1 erklärt es genauer: *Husten*saft ist gegen
> Husten. *Fieber*saft ist gegen Fieber.
> Das neue Wort bekommt dabei den Artikel vom zweiten Teil: *das Fieber + der Saft = der Fiebersaft*.

3 Erkennen Sie die Wörter? Ergänzen Sie.

> **TIPP** Wenn der Arzt nach Ihrer Gesundheit fragt, sagt er oft: *Wie geht es Ihnen?* Manchmal fragt er auch *Was
> fehlt Ihnen?* oder *Was haben Sie denn?*

Guten Tag. Was fehlt Ihnen?

Ich bin sehr [klätteer]
(1) _____ .
Ich habe [stuHne]
(2) _____
und [merschzneslaH]
(3) _____ ,
[nufpSchne]
(4) _____
und [renhOenmerzsch]
(5) _____ .

Dann machen Sie mal den [dnuM] (6) _____
auf. Ja, Ihr Hals ist rot. Und … Moment … Ihre Ohren
auch. Ich gebe Ihnen ein Rezept für einen [steHunftas]
(7) _____ und für [lsHascherzmbletatten]
(8) _____ . Die helfen auch gegen
die Ohrenschmerzen. Und Sie bekommen ein [nsNaeyspar]
(9) _____ . Nehmen Sie die Medikamente
eine Woche lang. Dann geht es Ihnen bald besser.

4 Was sagt der Arzt? Was sagt der Patient? Sortieren Sie.

a) Das sagt der Arzt:

Was haben Sie denn?

_____

_____

b) Das sagt der Patient:

_____

_____

_____

~~Was haben Sie denn?~~ • Nehmen Sie die
Tabletten eine Woche lang. • Ich bin
erkältet. • Mir ist heiß und kalt. • Ich gebe
Ihnen ein Rezept für einen Fiebersaft. •
Ich habe Schnupfen.

5 Welche Antwort passt? Schreiben Sie.

Nehmen Sie • Mir tut der Bauch weh. • Ihr Hals • Seit gestern. • ~~Ich habe seit fünf Tagen Halsschmerzen.~~ • keinen Kaffee • Ich bin müde und mir ist heiß und kalt.

1. ● Guten Tag. Was haben Sie denn?

   ○ (a) _Ich habe seit fünf Tagen Halsschmerzen._____

   ● Dann machen Sie mal den Mund auf. Ja, (b) _____ ist rot. Sie bekommen Halsschmerztabletten. Nehmen Sie die dreimal am Tag, eine Woche lang.

2. ● Guten Morgen. Was fehlt Ihnen?

   ○ (c) _____ Hier oben. Ich glaube, ich trinke zu viel Kaffee.

   ● Zu viel Kaffee ist schlecht für den Bauch. Ich gebe Ihnen ein Rezept für Tabletten. Nehmen Sie die jeden Morgen einmal vor dem Frühstück. Das machen Sie zwei Wochen lang. Und trinken Sie eine Woche lang (d) _____.

3. ● Guten Tag. Wie geht es Ihnen?

   ○ Nicht so gut. (e) _____

   ● Lassen Sie mich mal sehen. Ja, Sie haben Fieber. Wie lange haben Sie das schon?

   ○ (f) _____

   ● Ich gebe Ihnen einen Fiebersaft. (g) _____ davon nach jedem Essen einen Löffel, fünf Tage lang. Dann geht es Ihnen bald besser.

6 Welche Medikamente nehmen die Patienten in 5? Wie oft? Wann? Notieren Sie.

Gegen die Halsschmerzen:	Gegen die Bauchschmerzen:	Gegen das Fieber:
Halsschmerztabletten	(c) _____	(e) _____
Wie oft?	Wie oft?	Wie oft?
(a) _____	(d) _____	_nach jedem Essen_
Wie lange?	Wie lange?	Wie lange?
(b) _____	_zwei Wochen_	(f) _____

7 Ergänzen Sie.

1.

> Hey du! Wie geht es dir?

> Nicht (a) _u_. Ich habe (b) F_ _ b_r und bin seit drei (c) T_ g _ n im Bett. Jetzt (d) n_h_e ich Tabletten. Die helfen sehr gut.

2.

> Wie geht es (a) _ i _? Tun deine Augen noch (b) w_ _?

> Ja, aber es ist schon ein (c) b_ss_ _ en besser. Aber die (d) _ug_ _ sind noch (e) r_t.

3.

> Hallo! Ist dein (a) H_st_n schon besser?

> Ja, viel besser! Ich nehme einen (b) H_ _ t_ _ sa_ _ und (c) T_ble_ _ e_ für meinen (d) H_ls.

15 Krankmeldungen

1 Ergänzen Sie die Anrede und die Grußformel aus dem Kasten.

[Mit freundlichen Grüßen • Lieber Herr Habeck]

(1) _____,

leider kann meine Tochter Sabrina heute nicht zur Schule kommen. Sie ist krank. Der Arzt sagt,
sie soll bis Donnerstag zu Hause bleiben.

(2) _____

Sarah Mayr

2 Schreiben Sie eine Krankmeldung für die Arbeit. Bilden Sie dafür Sätze aus den Wörtern.

TIPP Eine *AU* ist eine **A**rbeits**u**nfähigkeitsbescheinigung. Das ist ein Dokument, das der Arzt Ihnen gibt, wenn
Sie krank sind. Darauf steht, dass Sie nicht arbeiten können. Sie geben die AU bei der Arbeit ab. Man sagt
auch: Sie sind *krankgeschrieben*.

Betreff: Krankmeldung

Sehr geehrter Herr Blöhdorn,

1. heute / leider / kann ich / nicht zur Arbeit / kommen.

_____

2. bin / ich / bis Donnerstag / krankgeschrieben.

_____

3. mein Sohn / heute Nachmittag / bringt Ihnen / die AU.

_____

Mit freundlichen Grüßen

Kerstin Jansen

3 Schreiben Sie eine Krankmeldung mit den Informationen aus dem Text.

Sie sind krank und können heute nicht zur Arbeit kommen. Sie sind bis Freitag krankgeschrieben.
Ihre Chefin heißt Frau Hosseini. Ihre Tochter bringt ihr heute Nachmittag die AU.

Betreff: _____

_____,

_____

_____

_____

_____

16 Formulare

1 Der Personalbogen. Lesen Sie das Gespräch mit dem Chef und füllen Sie das Formular aus.

TIPP Ein *Personalbogen* ist ein Papier mit Informationen über einen Mitarbeiter. Der Personalbogen bleibt in der Firma.

TIPP In Deutschland gehen alle Kinder mit sechs oder sieben Jahren in die *Grundschule*. Die Grundschule hat vier Klassen. Danach kommen die Kinder auf die *Haupt-/Mittelschule*, auf die *Realschule* oder auf das *Gymnasium*. In der Schule gibt es Noten von 1 (sehr gut) bis 6 (sehr schlecht). Nach der Schule gehen die Jugendlichen zur *Universität* oder sie machen eine *Ausbildung*. Das heißt, sie lernen einen Beruf.

● Guten Tag, Frau Jakobson. Sie fangen heute in unserer Firma an, richtig? Können Sie sich kurz vorstellen? Dann fülle ich den Personalbogen für Sie aus.

○ Guten Tag. Mein Name ist Stella Jakobson. Ich bin 38 Jahre alt und Köchin von Beruf. Ich wohne mit meinem Mann und meiner Tochter Judith hier in Rostock, in der Sterngasse 5.

● Gut. Ihre Telefonnummer und E-Mail-Adresse habe ich schon. Haben Sie noch mehr Kinder?

○ Nein.

● Wie ist die Postleitzahl?

○ 18055.

● Und wann und wo sind Sie geboren?

○ Ich bin am 13.06.1980 in Schwerin geboren.

● Das heißt, Sie sind Deutsche?

○ Ja, genau.

● Und wo sind Sie zur Schule gegangen?

○ Ich war von 1990 bis 1996 auf der Realschule in Schwerin. In meiner Realschulprüfung hatte ich die Note 1,8.

● Und wo haben Sie Ihre Ausbildung gemacht?

○ Im Restaurant *Suppenküche* hier in Rostock. Da war ich von 1996-1999. In der Prüfung hatte ich eine 1,4. Danach war ich Köchin im Hotel *Drei Raben*. 2011 ist meine Tochter geboren. Da habe ich erst einmal nicht mehr gearbeitet.

● Gut, danke. Dann brauche ich nur noch Ihr Bankkonto und Ihre Krankenkasse.

○ Meine Krankenkasse ist die ABK. Meine IBAN lautet DE02 1243 2354 9876 8765 99, bei der ZVD-Bank in Rostock.

● Sehr gut, dann sind wir fertig. Vielen Dank. Jetzt müssen Sie nur noch unterschreiben

○ Heute ist der 25. Februar 2019, richtig?

● Ja, genau. Danke schön.

Personalbogen Hotel Zur Linde

Familienname (1) _____	Straße, Hausnummer (5) _____
Vorname (2) _____	PLZ, Ort (6) _____
Geburtsdatum (3) _____	Telefon _0381 / 987456_
Geburtsort (4) _____	E-Mail _stella.jakobson@mail.de_

Familienstand	Schule

Familienstand

(7) ◯ ledig   ◯ verheiratet

Zahl der Kinder (8) _____

Staatsangehörigkeit

(9) ◯ deutsch ◯ andere: _____

Schule

Name der Schule	von __ bis __	Ergebnis der Prüfung
(10) _____ _____	(11) _____ _____	(12) _____ _____

Ausbildung

Name der Firma	von __ bis __	Ergebnis der Prüfung
(13) _____ _____	(14) _____ _____	(15) _____ _____

Arbeit

Name der Firma	von __ bis __
(16) _____ _____	(17) _____ _____

Bankverbindung

IBAN (18) _____

Name der Bank (19) _____

Name der Krankenkasse

(20) _____

Ort und Datum (21) _____	Unterschrift _Stella Jakobson_

TIPP Wenn man mit Ort und Datum unterschreibt, schreibt man z. B.
Berlin, den 15.7.2019   oder   *München, den 18.3.2020*

TIPP In Deutschland arbeiten viele Frauen mit kleinen Kindern nicht sofort wieder. Manche fangen nach 1–3 Jahren wieder an, manche erst später. In einem Lebenslauf und Personalbogen muss man alle Arbeitsstellen angeben, die man hatte.

2 Eine Reparatur bestätigen. Lesen Sie, was der Hausmeister sagt. Füllen Sie dann das Formular aus.

> Herr Jung, das Fenster geht wieder. Sehen Sie, Sie können es wieder auf- und zumachen. Können Sie für die Reparatur vom Fenster hier unterschreiben? Heute ist der 16.3.2019

Reparaturen im Haus, Hausmeister Thiedemann		
Arbeit	Datum	Unterschrift
(1) Reparatur ◯ Tür ◯ Fenster ◯ Möbel	(2) _____	(3) _____

17 Den Kollegen schreiben

1 Um eine Information bitten. Hier sind zwei E-Mails vermischt. Ordnen Sie die Teile und schreiben Sie.

Liebe Frau Bauer, • Ada • Benjamin Singh • geht dein Telefon? Mit meinem kann ich gerade nicht telefonieren. • eine Frage: Wann haben Sie den Termin mit Frau Mustafa? • Hallo Frank, • Vielen Dank für Ihre Hilfe.

TIPP Wenn Sie zu einem Kollegen *du* sagen, schreiben Sie auch in E-Mails *du* und den Vornamen. Am Anfang schreiben Sie *Hallo* oder *Lieber / Liebe* mit dem Vornamen, am Ende *Viele Grüße*. Sie ,unterschreiben' nur mit dem Vornamen.

Wenn Sie zu einem Kollegen *Sie* sagen, schreiben Sie auch in E-Mails *Sie* und *Lieber Herr* oder *Liebe Frau* mit dem Nachnamen. Am Ende schreiben Sie auch *Viele Grüße*. Sie ,unterschreiben' mit dem Vor- und Nachnamen.

Die Anrede an den Chef oder die Chefin ist unterschiedlich. Oft schreibt man *Sehr geehrte Frau ...* oder *Sehr geehrter Herr ...* und am Ende *Mit freundlichen Grüßen*. Wenn man den Chef gut kennt, schreibt man *Lieber Herr ...* oder *Liebe Frau ...* und am Ende *Viele Grüße*.

1. Herr Singh schreibt Frau Bauer. Die beiden sagen „Sie".

(a) _____

(b) _____

(c) _____

Viele Grüße

(d) _____

2. Ada schreibt Frank. Die beiden sagen „du".

(a) _____

(b) _____

Viele Grüße

(c) _____

2 Ist Montag ein Feiertag? Sie wissen es nicht und fragen einen Kollegen. Der Kollege heißt Egon. Sie sagen *du*. Schreiben Sie eine E-Mail wie in 1.

_____,

_____

_____

_____

3 Wohin schicke ich meinen Stundenzettel? Sie sind neu in der Firma und wissen es nicht. Sie fragen Herrn Siebert. Sie sagen *Sie*. Schreiben Sie eine E-Mail wie in 1. Bedanken Sie sich am Ende für die Hilfe.

_____,

_____

_____

_____

4   Ein Termin mit dem Chef

a   Welche Sätze können Sie am Anfang von einer E-Mail an den Chef schreiben? Kreuzen Sie an.

Manche Wörter und Sätze sind in einer E-Mail an den Chef unhöflich:

1. *wollen* ist unhöflich. Schreiben Sie immer *möchten*.
2. Mit *vielleicht, kurz, doch* und *mal* machen Sie eine Bitte oder Frage höflich.
3. Fangen Sie eine E-Mail nicht mit *ich* an.

○ 1. Ich will mit Ihnen reden.
○ 2. Hast du heute um 3 Uhr Zeit?
○ 3. Ich habe ein paar Fragen.

○ 4. Haben Sie heute Nachmittag vielleicht kurz Zeit?
○ 5. Komm morgen in mein Büro.
○ 6. Zu unserem Projekt habe ich noch ein paar Fragen.

b   Sie haben ein paar Fragen zu einem Kundentermin. Sie möchten morgen Nachmittag mit Ihrer Chefin Frau Dinkel sprechen. Sie sind neu in der Firma und kennen Frau Dinkel noch nicht gut. Schreiben Sie eine E-Mail. Die Sätze in a helfen Ihnen.

5   Rundmails: E-Mails an alle Kollegen. Ordnen Sie die Satzteile. Schreiben Sie eine E-Mail an die Kollegen.

Liebe Kolleginnen und Kollegen,

1. heute / um 14 Uhr Schluss / mache ich

_____.

2. bin / Morgen / ich / nicht am Arbeitsplatz

_____.

3. ich / Ab Montag / wieder auf E-Mails antworten / kann

_____.

4. Bei wichtigen Fragen / Sie / bitte meiner Kollegin Frau Weiß / schreiben

_____.

5. Ihre / weiss@buero.de / ist / E-Mail-Adresse

_____.

Viele Grüße

Clara Reyes

6   *ss* oder *ß*?

a   Markieren Sie in 5 alle *ss* und *ß*.

Nach einem langen Vokal (a, e, i, o, u, ä, ö, ü) oder nach zwei Vokalen (au, ei, ie, eu) kommt ein *ß*.
Nach einem kurzen Vokal (a, e, i, o, u, ä, ö, ü) steht *ss*.
Wenn Sie nicht hören, ob ein Vokal lang oder kurz ist, müssen Sie auswendig lernen, ob man *ß* oder *ss* schreibt. In E-Mail-Adressen gibt es kein *ß*. Hier schreibt man immer *ss*.

b   Ergänzen Sie *ss* oder *ß*.

1. In der Mittagspause e_____en alle drei_____ig Kolleginnen und Kollegen zusammen.
2. Den Stra_____ennamen wei_____ich. Aber ich brauche die ganze Adre_____e.
3. Das Büro ist am Samstag geschlo_____en. Und am Freitag schlie_____en wir um 12 Uhr.
4. Der Hund mu_____leider drau_____en warten.

7   Wer soll das machen?

a   Im Krankenhaus. Lesen Sie die E-Mail und ergänzen Sie die Wörter im Kasten.

[Machst • müssen • sprechen • anrufen • geht • soll]

Hallo Miriam,

wir (1) _____ noch mit dem Arzt (2) _____ und erzählen, wie es Herrn
Freitag (3) _____. (4) _____ du das oder (5) _____ ich das machen?
Und wir müssen die Familie von Frau Yildiz (6) _____.

Liebe Grüße

Aster

b   Bei der Bank. Ordnen Sie die Satzteile. Schreiben Sie die E-Mails.

Lieber Herr Merz,

1. müssen noch / wir / und einen Termin
machen / mit der Firma TechNical telefonieren

_____.

2. machen / Sie das / ich anrufen / oder soll /
Möchten

_____?

Viele Grüße

Bastian Kron

Lieber Herr Kron,

3. bei der Firma TechNical / heute
Nachmittag / rufe ich/ an

_____.

4. schreibe / Dann / Ihnen den Termin / ich

_____.

Viele Grüße

Christian Merz

8   Lesen Sie die E-Mail und die Informationen. Ordnen Sie dann die E-Mails. Schreiben Sie eine E-Mail mit *ja* und eine mit *nein*.

Sehr geehrter Herr Malik,

heute um 15 Uhr kommt Frau Neugebauer von der Firma Solutions. Ich habe um 15 Uhr leider keine Zeit.
Können Sie mit Frau Neugebauer sprechen? Es geht um das neue Computerprogramm. Frau Neugebauer erklärt es Ihnen
und sagt Ihnen die Preise. Wir können dann um 17 Uhr telefonieren und Sie erzählen mir alles. Ist das in Ordnung für Sie?

Mit freundlichen Grüßen

Simon Johannson

[Dann erzähle ich Ihnen von dem Programm. • Und um 17 Uhr habe ich auch Zeit. • Daher kann ich
nicht mit Frau Neugebauer sprechen. Tut mir leid. • das mache ich gerne. • um 15 Uhr habe ich leider
einen Termin mit einem Kunden. • Mit freundlichen Grüßen • Mit freundlichen Grüßen • Sehr geehrter
Herr Johannson, • Sehr geehrter Herr Johannson,]

1. Herr Malik hat Zeit und kann mit Frau Neugebauer sprechen.

_____
_____
_____
_____

Rolf Malik

2. Herr Malik hat keine Zeit. Er kann nicht mit Frau Neugebauer sprechen.

_____
_____
_____
_____

Rolf Malik

18 Kunden schreiben

1 Anfragen beantworten. Frank arbeitet in einem Fahrradgeschäft. Er repariert Fahrräder.

TIPP Eine *Anfrage* ist eine E-Mail oder ein Anruf von einem Kunden.
Darin fragt der Kunde, ob die Firma eine bestimmte Arbeit für ihn machen
kann oder ein bestimmtes Produkt verkauft.

a Lesen Sie die E-Mail. Ordnen Sie dann die Satzteile.
Schreiben Sie eine Antwort.

Sehr geehrte Damen und Herren,

das Licht an meinem Fahrrad ist kaputt. Können Sie es reparieren? Was kostet das etwa?

Mit freundlichen Grüßen

Sonja Herzl

---

1. Sehr / Frau Herzl, / geehrte

_____

2. das Licht an Ihrem Fahrrad / gerne / wir / reparieren

_____

3. bringen / Sie / Ihr Fahrrad / Bitte / zu uns ins Geschäft

_____

4. wir / den Preis sagen / können / Dann / Ihnen

_____

5. Mit / Grüßen / freundlichen

_____

Frank Lindemann

---

b Frank Lindemann kann das Fahrrad nicht sofort reparieren. Lesen Sie die Information und schreiben
Sie eine zweite Antwort auf die E-Mail in a.

Frank hat im Moment leider sehr viele Reparaturen. Deshalb kann er Frau Herzls Fahrrad erst nächste
Woche Dienstag reparieren. Hat Frau Herzl so lange Zeit?

TIPP In E-Mails von Firmen an Kunden schreibt man nicht *ich*, sondern *wir*. Das heißt, man schreibt nicht als
Person. Man schreibt für die Firma.

_____ ,

_____

_____

_____

_____

---

2 Es gibt da ein Problem.

a   Lesen Sie die Information. Antworten Sie dann auf die E-Mail.

> Sehr geehrte Damen und Herren,
>
> seit etwa zwei Wochen habe ich eine Lampe aus Ihrem Geschäft. Wenn ich sie anmache, wird sie sehr heiß. Nach etwa 30 Minuten geht sie aus. Kann ich die Lampe zu Ihnen zurückbringen?
>
> Mit freundlichen Grüßen
>
> Elisabeth Schild

Frau Schild kann die Lampe gern zurückbringen. Sie bekommt eine neue Lampe. Das Geld kann ihr das Geschäft leider nicht zurückgeben.

TIPP   Es ist sehr höflich, wenn Sie am Anfang von einer E-Mail *gerne* oder *leider* schreiben.

_____

_____

_____

_____

_____

Licht und Lampe Hamburg

b   Frau Schild kann die Lampe nicht zurückbringen. Lesen Sie die Informationen und schreiben Sie eine andere Antwort auf die E-Mail in a.

Das Geschäft kann die Lampe leider nicht zurücknehmen. Frau Schild muss sie zu der Firma Hell in Dessau schicken. Bei der Lampe ist ein Zettel. Dort findet Frau Schild die Adresse.

_____

_____

_____

_____

_____

Licht und Lampe Hamburg

19 Beim Amt. Wo muss ich hin?

Ein *Amt* oder eine *Behörde* ist ein staatliches Büro. Es hat eine bestimmte Aufgabe. Zum Beispiel muss man ins *Einwohnermeldeamt* (kurz *Einwohneramt*) gehen, wenn man neu in einer Stadt ist, oder zum *Standesamt*, wenn man heiraten möchte oder ein Kind bekommen hat.

1 Sie suchen im Internet Informationen zu Ämtern. Ergänzen Sie die Suchwörter.

1. Sie wohnen seit kurzem in Dessau und möchten zum Einwohneramt gehen. Sie suchen die Öffnungszeiten.

   Einwohneramt Dessau Öffnungszeiten

2. Sie suchen Arbeit und möchten einen Termin mit dem Arbeitsamt in Bochum machen. Sie brauchen die Telefonnummer. Das Arbeitsamt heißt auch *Agentur für Arbeit*.

3. Sie möchten in Kassel heiraten. Sie suchen die Adresse vom Standesamt.

4. Sie wohnen in Salzgitter. Sie möchten einen deutschen Pass haben. Deshalb möchten Sie zum Ausländeramt gehen. Sie suchen die Öffnungszeiten.

2 Mit wem kann ich sprechen? Lesen Sie die Briefe von verschiedenen Ämtern und notieren Sie.

Wenn Sie eine Wohnung mieten, unterschreiben Sie und der Vermieter ein Papier, das ist *der Mietvertrag*.

Sehr geehrte Frau Holzer,

wenn Sie umziehen, braucht das Einwohneramt Ihre neue Adresse und andere Informationen von Ihnen. Bitte machen Sie einen Termin mit Frau Cakir (Tel. 0123-735468). Bitte bringen Sie den Mietvertrag für Ihre Wohnung zu dem Termin mit.

Mit freundlichen Grüßen
Inge Kohl
Einwohneramt der Stadt Köln

Sehr geehrter Herr Khosravi,

einen neuen Pass bekommen Sie beim Ausländeramt der Stadt Wiesbaden. Bitte machen Sie vorher einen Termin unter Tel. 02777-574930. Bitte bringen Sie auch Ihren alten Pass mit.

Mit freundlichen Grüßen
Bülent Özdemir
Ausländeramt Wiesbaden

Sehr geehrter Herr Dürr,

die Agentur für Arbeit lädt Sie zu einem Termin am Dienstag, 22.4., um 11:15 Uhr in Raum 2.115 ein. Bitte bringen Sie diese Einladung zu dem Termin mit.

Mit freundlichen Grüßen
Per Mittenzwei
Arbeitsamt Salzgitter

1. Einen Termin beim (a)

   Einwohneramt machen

   Kontaktperson

   (b) _____

   Telefon (c) _____

   Mitbringen (d) _____

2. Einen Termin beim

   (a) _____ machen

   Telefon (b) _____

   Mitbringen (c) _____

3. Termin bei der

   (a) _____

   Datum (b) _____

   Uhrzeit (c) _____

   Raum (d) _____

   Mitbringen (e) _____

Auf die Frage *wo?* sagt man: *Ich bin beim Amt.*
Auf die Frage *wohin?* sagt man: *Ich gehe zum Amt.*

3   Ich bin gerade beim Amt. Ergänzen Sie die Wörter aus den Kästen.

> Mittwoch • Zeit • fertig • spät • rein• Termin • telefonieren

Hallo Dilek! Was machst du gerade?
Hast du (1) _____?

Hallo Susanne! Ich habe gerade einen
(2) _____ beim Arbeitsamt.
Aber danach habe ich Zeit.

Wann bist du denn (3) _____?

Ich glaube, um 11 Uhr. Wir können ja
noch mal (4) _____.

Das ist ein bisschen (5) _____ für
mich. Hast du auch am (6) _____ Zeit?

Ja, Mittwoch geht auch. Bis dann, ich
muss jetzt (7) _____.

Bis dann!

> Standesamt • Donnerstag • zusammen • Papiere • finnischen • Hochzeit • übersetzen

Hallo Nick! Hast du den Termin beim
(8) _____ für uns?

Hallo Vilma! Ja, der Termin ist am (9) _____
um 10:30 Uhr. Wir sollen beide (10) _____
kommen und die (11) _____ mitbringen.
Und wir müssen vorher noch in ein Übersetzungsbüro.
Wir können deine (12) _____ Papiere
nicht selbst (13) _____.

Und der Termin für die
(14) _____?
Wann ist der?

Den machen wir am Donnerstag. Ich freue mich! Bis später.

4   Kurze Vokale, doppelte Konsonanten

a   Lesen Sie und markieren Sie alle Wörter in 3 mit doppelten Konsonanten (auch mit *ck* und *tz*). Lesen
Sie dann laut und sprechen Sie die Vokale kurz.

TIPP Wenn zwei gleiche Konsonanten zusammen stehen (nn, mm, ss, tt,...), ist der Vokal davor kurz.
Beispiele: *denn, wenn, Mitte, Sonne, muss*

Wenn nur ein Konsonant steht, ist der Vokal lang. Auch ein *h* macht den Vokal davor lang.
ie ist immer lang.
Beispiele: *den, wen, Miete, Sohn, Mus*

Vor *ck* und *tz* ist der Vokal immer kurz. Die Kombinationen *Kk* und *Zz* gibt es nicht.
Beispiele: *Jacke, schmecken; sitzen, jetzt;* Ausnahme: Fremdwörter wie *Mokka* oder *Pizza.*

b   Ergänzen Sie die doppelten Konsonanten.

1. Ha_ _ o Susa_ _ e! Möchtest du einen Ka_ _ ee? Oder lieber ein Glas Wa_ _ er?

2. Im So_ _ er gehen wir oft schwi_ _ en, we_ _ die So_ _ e scheint.

3. Wir kö_ _ en je_ _ t frühstü_ _ en. Bi_ _ e schön, hier sind ein paar frische Brötchen vom
    Bä_ _ er an der E_ _ e.

4. Wo_ _ en wir heute zusa_ _ en zu Mi_ _ ag e_ _ en? Am Marktpla_ _ ist eine gute Pi_ _ eria.
    Da schme_ _ t es i_ _ er gut.

5   Wo ist de_ _ der Schlü_ _ el zu unserem Zi_ _ er? Was für ein Glü_ _! Da ist er ja!

20 Formulare ausfüllen

2 Ein Meldeformular beim Einwohneramt. Lesen Sie und füllen Sie das Formular aus.

Nadja Fischer zieht mit ihrem Mann Peter und ihrer Tochter Katja am 01.03.2019 um. Sie haben eine neue Wohnung in 28195 Bremen, in der Salzstraße 21. Die alte Wohnung war in 30173 Hannover, in der Usedomstraße 5. Sie haben keine andere Wohnung. Nadja ist Russin. Vor ihrer Heirat war ihr Nachname Pawlowa. Ihr Mann und ihre Tochter sind Deutsche. Alle heißen mit Nachnamen Fischer. Zu dem Termin bringen sie den Mietvertrag mit. Der Vermieter wohnt auch in dem Haus. Er heißt Erich Borowski.

TIPP In Deutschland gibt es nach einer Hochzeit mehrere Möglichkeiten, wie das Ehepaar heißt:
  a) Der Mann bekommt den Namen von der Frau.
  b) Die Frau bekommt den Namen vom Mann.
  c) Beide behalten ihren alten Namen. Dann haben der Mann und die Frau unterschiedliche Namen.
  d) Der Mann oder die Frau trägt einen Doppelnamen wie Fischer-Pawlowa.
  Der Name, den man bis zur Hochzeit hatte, heißt *Geburtsname*.

---

neue Adresse (Straße, Nummer, PLZ, Ort) (a) _____ _____	**alte Adresse** (Straße, Nummer, PLZ, Ort) (b) _____ _____
Wie viele Personen wohnen in der neuen Wohnung? (c) _____	Haben Sie noch eine andere Wohnung? (d) ◯ ja ◯ nein Wenn ja, wie ist die Adresse? (e) _____
Person 1 Familienname (f) _____ Geburtsname (g) _____ Vorname (h) _____ Geburtsdatum und -ort _31.1.1982, Omsk_ Staatsangehörigkeit (i) _____ Familienstand (j) ◯ ledig ◯ verheiratet	**Person 2** Familienname (k) _____ Geburtsname (l) _____ Vorname (m) _____ Geburtsdatum und -ort _30.5.1983, Celle_ Staatsangehörigkeit (n) _____ Familienstand (o) ◯ ledig ◯ verheiratet
Person 3 Familienname (p) _____ Geburtsname (q) _____ Vorname (r) _____ Geburtsdatum und -ort _13.09.2011_ Staatsangehörigkeit (s) _____ Familienstand (t) ◯ ledig ◯ verheiratet	**Vermieter** Familienname (u) _____ Vorname (v) _____ Adresse (w) _____ _____
Ort, Datum (x) _____	Unterschriften (y) Person 1 _____ Person 2 _____

21 E-Mails an Ämter schreiben

1 Einen Termin machen. Ordnen Sie die Satzteile. Schreiben Sie dann die E-Mail. Denken Sie auch an die Satzzeichen (. , ?).

---

1. Sehr / und Herren / Damen / geehrte

_____

2. haben / für mich / einen Termin / Sie / morgen

_____

3. Ich / und brauche / einen Reisepass / verreisen / möchte

_____

4. zu dem Termin / Welche Papiere / ich / mitbringen / soll

_____

Mit freundlichen Grüßen

Andreas Bauer

---

2 Beim Amt etwas fragen. Ordnen Sie die Satzteile. Schreiben Sie dann die E-Mails.

TIPP Manchmal kann man Sätze auf zwei oder drei Arten schreiben. In den Lösungen finden Sie alle Sätze, die möglich sind.

1.

Sehr geehrte Damen und Herren,

a) ist / leider / noch nicht fertig / mein Mietvertrag

_____

b) ausfüllen / und Ihnen den Mietvertrag / ich / die Formulare / später schicken / Kann

_____

Mit freundlichen Grüßen

Hannah Blum

2.

Sehr geehrte Damen und Herren,

a) habe / für den 24.11. / eine Einladung / zu einem Gespräch über meine Jobsuche / ich

_____

b) zu dem Termin / leider / kann / nicht kommen / ich

_____

c) von 8:30 bis 12:00 / ich / im Deutschkurs / bin

_____

d) ich / Kann / bekommen / einen anderen Termin

_____

e) habe / jeden Tag Zeit / ich / nachmittags

_____

Mit freundlichen Grüßen

Samaneh Tarzi

---

3 Auf Briefe vom Amt antworten. Lesen Sie den Brief vom Einwohneramt.
Lesen Sie dann die Information und antworten Sie.

In Briefen und E-Mails von Ämtern bedeutet *das Schreiben* = *der Brief.*
Der *Betreff* ist das Thema von dem Brief.
Die *Sachbearbeiterin* oder der *Sachbearbeiter* ist die Person, die Ihre Papiere bearbeitet.

Einwohneramt der Stadt Magdeburg

39104 Magdeburg

Sachbearbeiterin: Frau Bahr

Irmgard Kaufmann

Dorfstraße 4

39108 Magdeburg

Magdeburg, 08.03.2019

Betreff: Ihr Schreiben vom 5.3.

Sehr geehrte Frau Kaufmann,

in Ihrem Schreiben vom 5.3. steht, dass Sie dieses Wochenende umziehen. Es fehlen aber noch der Name und die Adresse von Ihrem Vermieter. Und ich brauche Ihren Mietvertrag.

Mit freundlichen Grüßen

Anne Bahr

Einwohneramt der Stadt Magdeburg

Frau Kaufmann bedankt sich für den Brief. Ihr Vermieter heißt Günter Eckstein und wohnt in der Heinzelstraße 5, 39112 Magdeburg. Den Mietvertrag schickt sie nächste Woche. Den hat sie noch nicht.

22 Kleidung kaufen

1 Welche Kleidungsstücke trägt die Person?

a Schreiben Sie die Wörter mit Artikel.

b Drei Kleidungsstücke sind nicht auf dem Foto. Welche? Schreiben Sie.

_____

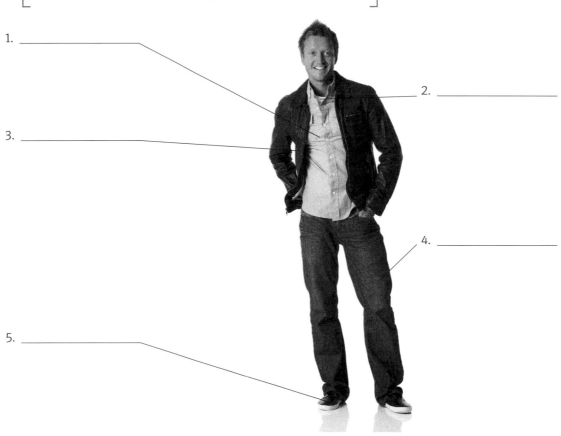

[Schuhe • Pullover • Kleid • Rock • Jacke • Hemd • Hose • T-Shirt]

1. _____

2. _____

3. _____

4. _____

5. _____

c Welches Wort aus a passt? Ordnen Sie die drei Wörter zu, die nicht auf dem Foto sind.

1. Heute ist es kalt. Sabrina trägt nur ein T-Shirt. Sie braucht noch einen _____.

2. Zu dem T-Shirt trägt sie einen _____. Sie mag keine Hosen.

3. Jana mag auch keine Hosen. Sie trägt heute ein _____.

2 Farben

[schwarz • rot • grün • blau • weiß • braun • grau • gelb]

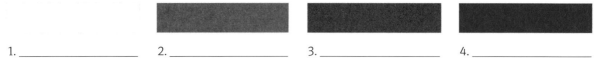

1. _____ 2. _____ 3. _____ 4. _____

5. _____ 6. _____ 7. _____ 8. _____

3 Frau Richter bestellt Kleidung im Internet.

a Füllen Sie das Bestellformular aus.

Kundennummer: 789654				
1. 1x in M	2. 5x in L	3. 1x L	4. 2x M	5. 1x in S, 6. 1x in M

Ihr Warenkorb 🛒

Kleidungsstück	Farbe	Größe	Stückzahl
1. Rock	grün	M	1
2.			
3.			
4.			
5.			
6.			

b Frau Richter bestellt die Kleidung für ihren Sohn und seine Familie. Sie hat keine Kreditkarte. Lesen Sie die Notizen. Schreiben Sie dann die Informationen zur Bezahlung in das Formular.

Jan Richter

Moorweg 3
26123 Oldenburg

Gertrud Richter

Am Braak 11
26121 Emden

1. Bezahlung ◯ mit Kreditkarte ◯ auf Rechnung	
2. Rechnungsadresse	3. Lieferadresse
_____	_____
_____	_____
_____	_____
4. Jetzt kaufen JA NEIN	

23 Bezahlen

1 Bei der Bank

a Ergänzen Sie die Wörter aus dem Kasten.

> **TIPP** *Ein Paar* sind zwei Stück, z. B. *ein Paar Schuhe.* Außerdem gibt es die Schreibweise *ein paar.* Das sind dann
> ca. 3-5, z. B. *ein paar Hemden.*

Schuhe • Geld • Stadt • T-Shirts • Sommerkleid • Sommerjacke • Bank

● Hallo Grace! Wollen wir heute in die (1) _____ und shoppen gehen?

○ Hallo Tim! Ja, gerne. Ich brauche auch ein (2) _____. Und ein Paar

(3) _____. Was brauchst du denn?

● Eine (4) _____. Und vielleicht noch ein paar (5) _____. Treffen wir

uns an der (6) _____? Dann kann ich noch (7) _____ holen. So um 3 Uhr?

○ Super, bis später!

> **TIPP** *Einkaufen* bedeutet normalerweise, dass man Essen kauft.
> *Shoppen* bedeutet Kleidung kaufen.

b Tim trifft bei der Bank eine alte Dame.
Lesen Sie und ordnen Sie die Sätze.

> Junger Mann, können Sie mir mit dem Geldautomaten helfen? Ich möchte 50 Euro holen, und in der Bank ist niemand. Was muss ich machen?

1. Ihre Karte / in den Automaten / kommt hier

   _____

2. Sie / Wissen / Ihre PIN

   _____

3. Die / Sie / jetzt eintippen / können

   _____

4. auf Grün / Und dann / Sie / drücken

   _____

5 Jetzt / Sie / drücken / und wieder auf Grün / hier auf *50€*

   _____

6. kommt / Da / das Geld

   _____

7. Am Ende / Sie / dürfen / nicht vergessen / Ihre Karte

   _____

2 Was steht auf dem Automaten? Ordnen Sie zu.

> Bitte entnehmen Sie Ihr Geld. • Bitte geben Sie Ihre Karte ein. • Bitte bestätigen Sie mit Grün. • Bitte bestätigen Sie mit Grün. • Bitte wählen Sie einen Geldbetrag. • Bitte geben Sie Ihre PIN ein.

1. _____   2. _____   3. _____

4. _____   5. _____   6. _____

3 Geld überweisen. Lesen Sie die Information. Füllen Sie dann die Überweisung aus.

Frau Gertrud Richter aus Übung 3 Kapitel H22 hat jetzt die Rechnung für die Kleidung bekommen. Sie muss 375€ überweisen. Ihre IBAN ist DE0322223333444455. Sie hat ein Konto bei der ABC-Bank in München. Sie muss ihre Kundennummer 376341 und ihre Rechnungsnummer, die 2018-87345, angeben. Sie überweist das Geld am 25.11.2019.

TIPP Man überweist Geld an einen *Empfänger*, das ist eine Person, ein Amt oder eine Firma. Wenn man Geld an ein Unternehmen oder ein Amt überweist, braucht man eine *Kundennummer* oder *Kunden-Referenznummer*. Bei privaten Einkäufen braucht man auch noch die *Rechnungsnummer*. Die trägt man unter *Verwendungszweck* ein.

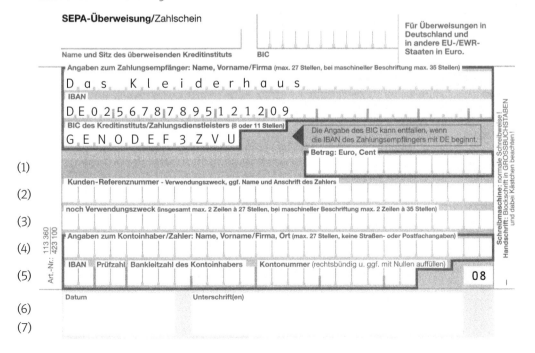

(1)
(2)
(3)
(4)
(5)
(6)
(7)

24 An die Bank schreiben

1 Persönliche Daten ändern

a Frau Bairu hat einen neuen Namen. Sie schreibt ihrer Bank. Finden Sie 5 Wörter und ergänzen Sie.

ASLDGGRÜßENGIHGLVERHEIRATETDGHNDANKKKFGONACHNAMEOHGKGRBITTEKDFGH

Sehr geehrte Damen und Herren,

seit dem 25.8. bin ich (1) _____. Mein neuer (2) _____
ist Fischer. Mein alter Nachname war Bairu. (3) _____ ändern Sie meinen Namen.

Vielen (4) _____ für Ihre Mühe.

Mit freundlichen (5) _____

Semira Fischer

---

b Herr Fernandes hat eine neue Adresse. Er schreibt seiner Bank. Ordnen Sie die Sätze. (Manchmal gibt es zwei Möglichkeiten.) Schreiben Sie die E-Mail.

Sehr geehrte Damen und Herren,

1. ich / seit dem 26.9. / habe / eine neue Adresse

_____

2. ich / in 53111 Bonn / wohne / in der Karlstraße 125 / jetzt

_____

3. Bitte / Sie / meine Adresse / ändern

_____

4. Vielen Dank / Mühe / Ihre / für

_____

Mit freundlichen Grüßen

Augusto Fernandes

---

c Sie haben eine neue E-Mail-Adresse. Lesen Sie die Information. Schreiben Sie die E-Mail.

Sie haben seit heute eine neue E-Mail-Adresse. Sie heißt mail@info.net. Sie möchten, dass die Bank die E-Mail-Adresse ändert. Sie bedanken sich für die Mühe.

_____

_____

_____

_____

_____

---

2 Es gibt ein Problem. Unten stehen die Sätze von zwei E-Mails. Ordnen Sie die Sätze. Schreiben Sie dann die E-Mails.

TIPP Wenn eine Kreditkarte oder eine EC-Karte weg ist, schreiben Sie Ihrer Bank oder Sie rufen an. Die Bank *sperrt* dann die Karte. Das heißt, man kann sie nicht mehr benutzen.

TIPP Wenn Sie in einer E-Mail eine Bitte schreiben, ist es sehr höflich, wenn Sie am Ende schreiben: *Vielen Dank für Ihre Mühe.*

Vielen Dank für Ihre Mühe. • Vielen Dank für Ihre Mühe. • Mit freundlichen Grüßen • Mit freundlichen Grüßen • leider kann ich meine Kreditkarte nicht mehr finden. • leider geht meine EC-Karte nicht. Ist die Karte kaputt? • Bitte sperren Sie die Karte. • Können Sie die Karte sperren oder mir eine neue PIN schicken? • Oder gibt es ein Problem mit der PIN? • Und schicken Sie mir bitte eine neue Kreditkarte. • Sehr geehrte Damen und Herren, • Sehr geehrte Damen und Herren,

1.

EC-Karte geht nicht.

_____

_____

_____

_____

_____

_____

Adnan Kilic

2.

Kreditkarte ist weg.

_____

_____

_____

_____

_____

_____

Hannah Schneider

TIPP Wenn Sie eine direkte Bitte haben, können Sie manchmal den Imperativ verwenden:
Sperren Sie bitte die Karte.
Schicken Sie mir bitte eine neue Karte.
Aber Vorsicht: Der Imperativ ist nicht sehr höflich. Sie müssen deshalb immer *bitte* schreiben.

25 Prüfungsaufgaben Schreiben Start Deutsch 1

TIPP Die Schreibaufgaben der Deutsch-Prüfungen sind auf A1-Niveau alle sehr ähnlich. Beachten Sie nur die unterschiedlichen Zeiten.

TIPP Die Prüfung Start Deutsch 1 können Sie an Goethe-Instituten machen. Sie hat zwei Teile. Teil 1 ist ein Formular. In Teil 2 müssen Sie einen Text schreiben. Das ist oft ein Brief oder eine E-Mail.

Teil 1

Lesen Sie die Informationen und füllen Sie das Profilformular im Internet aus.

Susanne Zimmermann ist am 18. August 1981 in Hamburg geboren. Sie ist Deutsche, aber seit drei Jahren wohnt sie in London. Sie ist Verkäuferin. Nach der Arbeit fährt sie viel Fahrrad und tanzt gern.

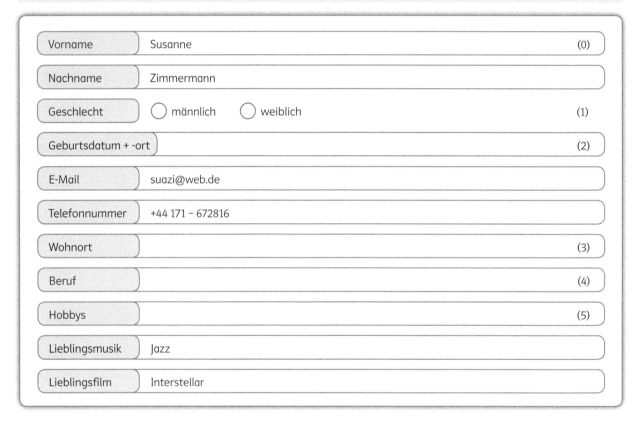

Vorname	Susanne	(0)
Nachname	Zimmermann	
Geschlecht	◯ männlich ◯ weiblich	(1)
Geburtsdatum + -ort		(2)
E-Mail	suazi@web.de	
Telefonnummer	+44 171 – 672816	
Wohnort		(3)
Beruf		(4)
Hobbys		(5)
Lieblingsmusik	Jazz	
Lieblingsfilm	Interstellar	

Teil 2
Sie möchten nächste Woche mit Ihrer Familie das Deutsche Museum in München besuchen. Schreiben Sie an das Museum:

- Warum schreiben Sie?
- Fragen Sie nach Öffnungszeiten und Eintrittspreisen.
- Fragen Sie nach Hoteladressen in der Nähe.

Schreiben Sie zu jedem Punkt 1 oder 2 Sätze. Denken Sie auch an die Anrede und den Gruß. Ihr Text soll etwa 30 Wörter haben.

TIPP Beim Test gibt es einen Antwortbogen. Das ist ein Papier, auf das Sie am Ende nur die Antworten schreiben. Den Teil „Schreiben" schreiben Sie direkt auf den Antwortbogen. Wenn Sie das nicht machen, haben Sie nicht genug Zeit!

TIPP Sie haben für den Teil Lesen und den Teil Schreiben zusammen 45 Minuten Zeit. Das heißt, Sie haben für den Teil Schreiben etwa 20 Minuten Zeit.

26   Prüfungsaufgaben Schreiben telc Deutsch A1

Die telc-Prüfung Deutsch A1 können Sie in telc-Prüfungszentren machen, zum Beispiel an Sprachschulen. Die Prüfung hat zwei Teile. Teil 1 ist ein Formular. In Teil 2 müssen Sie einen Text schreiben. Das ist oft ein Brief oder eine E-Mail.

Teil 1

Paul Naumann aus Berlin ist für ein paar Tage allein in die Schweiz gereist und bleibt vom 04. bis 07. Mai im Hotel „Am Hang". Er hat ein Einzelzimmer reserviert. Er hat keine Kreditkarte. Schreiben Sie die fünf fehlenden Informationen in das Anmeldeformular.

		Anmeldeschein	
Hotel „Am Hang"			
Name	Vorname *Paul*	Beruf *Kellner*	(1)
Stadt	Straße, Nummer *Kreuzberger Str. 85*	Staatsangehörigkeit *deutsch*	(2)
Ankunft *04.05.*	Abreise *07.05.*	Anzahl d. Nächte	(3)
Bezahlung	○ bar	○ Kreditkarte	(4)
○ Einzelzimmer	○ Doppelzimmer		(5)
Ausweis/Pass 73927592974589		Unterschrift	

Teil 2

Sie möchten einen Freund zu einer Party einladen. Schreiben Sie Ihrem Freund zu folgenden Punkten:

- Einladung
- Termin
- mitbringen

Schreiben Sie zu jedem Punkt 1 oder 2 Sätze. Schreiben Sie auch eine Anrede und einen Gruß.

Beim Test gibt es einen Antwortbogen. Das ist ein Papier, auf das Sie am Ende nur die Antworten schreiben. Den Teil „Schreiben" schreiben Sie direkt auf den Antwortbogen. Wenn Sie das nicht machen, haben Sie nicht genug Zeit!

Sie haben für den Teil Lesen und den Teil Schreiben zusammen 45 Minuten Zeit. Für den Teil Schreiben haben Sie etwa 20 Minuten Zeit.

27 Prüfungsaufgaben Schreiben Start Deutsch 1 oder telc Deutsch A1

Teil 1

Ihre Freundin Astrid Olofsson, 33 Jahre, kommt aus Uppsala in Schweden und lebt seit zwei Monaten in Münster. Sie hat eine neue Stelle als Schwedischlehrerin in einer Sprachschule. Seit zwei Tagen hat sie starke Halsschmerzen. Heute geht sie zum Arzt. Helfen Sie Ihrer Freundin und schreiben Sie die fünf fehlenden Informationen in das Formular.

Dr. Ruth Tutnichweh   Patienteninformation

Name, Vorname:	Astrid Olofsson	(0)
Telefon:	0251 557734	
Adresse:		
Straße, Hausnummer:	Kampstraße 15	
Postleitzahl, Wohnort:	48147 _____	(1)
Alter:	_____	(2)
Krankenkasse:	AOK	
Beruf:	_____	(3)
Seit wann sind Sie krank?	_____	(4)
Was fehlt Ihnen?	_____	(5)
Datum:	27.09.	
Unterschrift:	*Astrid Olofsson*	

Teil 2

Sie möchten einen Termin mit Ihrer Chefin machen. Schreiben Sie Ihrer Chefin:

– Warum möchten Sie den Termin?
– Bitten Sie um einen Termin.
– Welche Arbeit machen Sie vor dem Termin noch fertig?

Schreiben Sie zu jedem Punkt 1 oder 2 Sätze. Denken Sie auch an die Anrede und den Gruß.

TIPP Sie dürfen kein Wörterbuch benutzen.

TIPP Beantworten Sie alle drei Fragen. Sie bekommen für jede Antwort einen Punkt. Und für die Anrede und den Schluss zusammen bekommen Sie noch einen Punkt.

28 Prüfungsaufgaben Schreiben ÖSD-Zertifikat A1

TIPP Die Prüfung hat zwei Teile. Teil 1 ist ein Formular. Teil 2 ist ein einfacher Text.
Für den Prüfungsteil „Schreiben" haben Sie 20 Minuten Zeit.

Teil 1

Sie möchten sich zu einem Sprachkurs anmelden. Füllen Sie das Formular aus. Sie müssen nicht Ihre persönlichen Daten schreiben. Sie können z.B. auch ein anderes Geburtsdatum oder einen anderen Namen schreiben.

Vorname _____ (1)	Nachname _____ (2)
Geburtsdatum _____ (3)	Geburtsort _____ (4)
Straße, Hausnummer _____ (5)	PlZ und Ort _____ (6)
Ort und Datum _____ (7)	Unterschrift _____ (8)

Teil 2

Situation: Ihr Freund Erik wohnt in Wien und hat Sie eingeladen. Sie möchten ihn bald besuchen und bekommen folgende E-Mail von ihm:

> Hallo!
>
> Du schreibst, du möchtest mich bald in Wien besuchen. Toll! Ich freue mich sehr!
>
> Schreib mir bitte: An welchem Tag und um wie viel Uhr kommst du? Wie lange möchtest du bleiben? Was möchtest du hier in Wien gern machen?
>
> Viele Grüße
>
> Erik

Antworten Sie Erik. Schreiben Sie ca. 30 Wörter.

– Beantworten Sie alle Fragen.
– Schreiben Sie am Ende einen Gruß.

> Lieber Erik,
>
> vielen Dank fur deine E-Mail. Hier die wichtigsten Informationen zu meiner Reise nach Wien:
>
>
>
> _____
> _____
> _____
> _____
> _____
> _____
> _____
> _____

An welchem Tag und um wie viel Uhr kommst du?

Wie lange möchtest du bleiben?

Was möchtest du hier in Wien gern machen?

29 Prüfungsaufgaben Schreiben telc Deutsch A1 für Zuwanderer

TIPP Schreiben Sie direkt auf den Antwortbogen. Wenn Sie auf ein anderes Papier schreiben, bekommen Sie keine Punkte.

Teil 1

Ihre Freundin Sara Ahmadi möchte sich bei einem Schwimmkurs anmelden. Sara ist am 1.1.1998 in Maschhad im Iran geboren. Sie ist ledig. Sie wohnt in der Turnstraße 23 in 38100 Braunschweig. Sie hat ein Bankkonto bei der XY-Bank in Braunschweig. Ihre IBAN ist DE20 2398 5687 0000 4576 89.

Helfen Sie Sara und füllen Sie das Formular aus.

Vorname	Sara
Nachname	_____ (1)
Geburtsdatum	_____ (2)
Geburtsort	Maschhad, Iran
Familienstand	◯ verheiratet ◯ ledig (3)
Adresse	_____ (4)
	38100 Braunschweig
Bankverbindung	Name und Ort der Bank: _____ (5)
	IBAN: DE20 2398 5687 0000 4576 89

Teil 2

Sie sind krank und können Ihren Freund heute nicht treffen. Schreiben Sie Ihrem Freund:

– Warum können Sie nicht kommen?
– Was haben Sie?
– Fragen Sie nach einem neuen Termin.

Schreiben Sie zu jedem Punkt 1 oder 2 Sätze (insgesamt etwa 30 Wörter). Denken Sie auch an die Anrede und den Gruß.

TIPP Für den Teil „Schreiben" haben Sie 15 Minuten Zeit.
Sie schreiben im Prüfungsteil „Schreiben" direkt auf den Antwortbogen.

30 Lösungen

A Persönliche Daten

1   Das bin ich
1   1. Susanna, 2. Italien, 3. Jahre
2   1. Harald, Müller, Hamburg, Susanna, Italien 2. Jahre (2x), Frau
    3. Ich (3x), Das, Sie (3x)
3   a) ich|heiße|grace|isiramen|ich|bin|23|jahre|alt|ich|komme|aus
    |nigeria, b) Ich heiße Grace Isiramen. Ich bin 23 Jahre alt.
    Ich komme aus Nigeria.
4   1. Das ist Yuna. 2. Sie ist 5 Jahre alt. 3. Sie kommt aus Japan.
5   a) 2. Deutschland, 3. Jahre, 4. Beruf, 5. Köln, 6. Hobbys, 7. Englisch
    b) 1. Maria Schneider, 3. 24 Jahre, 4. Krankenschwester,
    5. Köln, 6. schwimmen und tanzen, 7. Deutsch und Englisch
6   a) ..., b) Ich heiße … und komme aus … . Ich bin … Jahre alt und
    … von Beruf. Ich wohne in … . Meine Hobbys sind … und … .
    Ich spreche … und … .

2   Kontakte
1   a) 2c, 3d, 4e, 5a
    b) 1. Carlo, 2. 0152-9876543, 3. 030-457831, 4.
    carlo.viale@hotmail.com, 5. carloclaro85
2   1. Mario Stein, 2. in Neustadt, 3. 98342, 4. 0176-8978675, 5. 45,
    6. 0987-5647382, 7. Charlottenstraße,
    8. m.stein@praxisstein.de, 9. Arzt
3   1. Hallo Sven! Meine E-Mail-Adresse ist finn@reinfeld.de.
    2. Hallo Sara! Mein Skype-Name ist SandraSonnenschein.
    3. Hallo Maria! Annas Telefonnummer ist 040-123456.
4   1. ..., (sag mal,) hast du Paulas Handynummer? Kannst du sie
    mir geben? 2. ..., (sag mal,) wie ist dein Skype-Name?
    3. ..., (sag mal,) wie ist deine E-Mail-Adresse?
5   1. Meine Telefonnummer ist 0153-235476. 2. Ich wohne in der
    Rabenstraße Nummer 5. 3. Meine E-Mail-Adresse ist
    jakob@home.de. 4. Ich bin nicht bei Facebook. 5. Ich habe
    kein Handy.

3   Meine Familie
1   1. Opa / Großvater, 2. Vater, 3. Bruder, 4. (Mia), 5. Mutter,
    6. Oma / Großmutter
2   Eltern
3   2. die Oma, 3. der Vater, 4. die Tochter
4   2. Großeltern, 3. Oma, 4. Bruder
5   a) 2. Bruder, 3. Eltern, 4. Mutter, 5. Großeltern
    b) 1. Johannes, 2. Bruder, 3. Schwester, 4. Krankenpfleger von
    Beruf, 5. in Hamburg, 6. Schwester, 7. Lehrerin, 8. wohnt in,
    9. meine Großmutter, 10. in Hannover, 11. Jahre alt, 12. Grüße,
    13. Sandra
6   a) Mayer, Mara, 46, Krankenschwester, b) Mayer, Per, 45, Koch,
    c) w, Mayer, Theresa, 20, d) m, Mayer, Leo, 5, e) ja, Zielinski,
    Ruth, 69, f) nein, Theresa wohnt in Leipzig. g) ja, einen Hund
    und zwei Katzen, h) Helenenstraße 5, 01067 Dresden
7   a) 1. Sehr geehrte Frau Mayer, 2. Mit freundlichen Grüßen,
    3. Sonja Köhler
    b) 1. Frau Köhler, 2. für Ihre E-Mail, 3. ist meine Mutter,
    4. seit fünf Jahren bei uns, 5. mit den Kindern, 6. haben wir ein
    eigenes Zimmer, 7. freundlichen Grüßen, 8. Mayer
    c) 1. Sehr geehrte, 2. Vielen Dank für, 3. Mit freundlichen, 4. Sonja
8   a) 1. wohne, 2. gehe, 3. fotografieren, 4. spreche, 5. wohnst,
    6. bist, 7. hast, 8. sprichst
    b) 1g, 2d, 3e, 4a, 5b, 6c, 7f
    c)
    Lieber Gregor,

    ich heiße ____. Ich wohne in ____ und bin ____ von Beruf.
    Meine Hobbys sind ____ und ____. Ich spreche ____, ____
    (und ein bisschen) ____. Und Sie? Wo wohnen Sie? Was
    sind Sie von Beruf? Welche Hobbys haben Sie? Und
    welche Sprachen sprechen Sie?

    Viele / Liebe Grüße

9   a) 1. Beruf, 2. Kindern, 3. Telefonnummer
    b) 1. vielen Dank für Ihre E-Mail. Wir wohnen in Köln. 2. Wir
    sind vier Personen. Meine Frau und ich haben zwei Kinder.
    3. Unser Sohn Ben ist 16 Jahre alt. Unsere Tochter Sabrina ist
    elf. 4. Meine Frau ist Verkäuferin von Beruf. Ich arbeite zu
    Hause am Computer. 5. Für die Zeit mit den Kindern haben wir
    schon Pläne. Wir wollen zusammen Fahrrad fahren und
    spazieren gehen. 6. Und wir wollen auch ins Kino gehen.
    7. Unsere Telefonnummer ist 0221-987654. Leider haben wir
    kein Skype.

B Freizeit und Termine

4   Mein Tag
1   a) 1. aufstehen, 2. duschen, 3. frühstücken, 4. arbeiten,
    5. zu Mittag essen, 6. einkaufen, 7. fernsehen, 8. schlafen
    b) 1. Wann stehst du auf? 2. Die Kinder duschen um 7 Uhr.
    3. Wir frühstücken um 7:30. 4. Matthias geht zur Arbeit.
    5. Ich kaufe am Mittwoch ein. 6. Wir sehen abends nicht fern.
    c) 1. um 8 Uhr auf, 2. zu Mittag, 3. nicht, 4. sie lange
2   1. du kaufst ein, er/sie/es kauft ein, wir kaufen ein, ihr kauft ein,
    sie/Sie kaufen ein,
    2. ich stehe auf, du stehst auf, er/sie/es steht auf, wir stehen
    auf, ihr steht auf, sie/Sie stehen auf
3   a) 1. duschen, 2. arbeiten, 3. zu Mittag essen, 4. besuchen,
    5. lesen
    b) 1. ich esse, wir essen, ihr esst, sie/Sie essen, 2. ich lese, wir
    lesen, ihr lest, sie/Sie lesen, 3. ich arbeite, wir arbeiten, sie/Sie
    arbeiten
    c) und trinkt (einen) Kaffee. Frühstück gibt es bei ihm nie. Um
    7:30 duscht er. Dann geht er zur Arbeit. Er arbeitet von 8 bis
    16 Uhr bei einer Bank. Um 12:30 isst er zu Mittag.
    Am Nachmittag besucht er oft Freunde. Heute geht er um
    16 Uhr zu Sammy und Kati. Abends liest er gern.
4   a) zum Beispiel: 1. aufstehen, 2. duschen, 3. frühstücken, …
    b) zum Beispiel: 8 Uhr: zum Deutschkurs fahren,
    10 Uhr: (eine) Pause machen, 12 Uhr: zu Hause essen, …
    c) 2. Ja, ich spiele gerne Fußball. / Nein, ich spiele nicht gerne
    Fußball. 3. Ja, ich mache Hausaufgaben. / Nein, ich mache
    keine Hausaufgaben. 4. Ja, ich sehe jeden Tag fern. / Nein, ich
    sehe nicht jeden Tag fern.
    d) zum Beispiel: Ich stehe um ____ Uhr auf. Dann dusche und
    frühstücke ich. Danach trinke ich (einen) Kaffee. Um ____ Uhr
    gehe ich zur Arbeit. Ich arbeite von ____ bis ____. Um ____
    Uhr esse ich zu Mittag. Nach der Arbeit / Abends ____ ich oft /
    gerne.

5   Freizeit
1   1c, 2a, 3e, 4d, 5g, 6b, 7f
2   1. a) spiele, b) Kaffee, c) schreibe, d) besuche, 2. a) machst,
    b) sehe, c) gehe, d) Abend, e) Fußball, f) Spaß
3   a) 2. Dienstag, 3. Mittwoch, 4. Donnerstag, 5. Freitag,
    6. Samstag, 7. Sonntag
    b) 1. Montags spiele ich Fußball. 2. Dienstags trinke ich mit
    Susi Kaffee. 3. Mittwochs besuche ich Freunde. 4. Donnerstags
    gehe ich schwimmen. 5. Freitags gehe ich einkaufen.
    6. Samstags frühstücke ich mit meinen Eltern. 7. Und sonntags
    schlafe ich lange.
4   a) 1. das Kino, 2. das Museum, 3. der Zoo, 4. das Schwimmbad,
    5. die Bibliothek
    b) 1b, 2a, 3c
    c) 2. Zoo Leipzig Eintrittspreise, 3. Schwimmbad Nürnberg
    Öffnungszeiten, 4. Stadtmuseum Trier Adresse, 5. Bibliothek
    Kiel Öffnungszeiten
    d) 1. Wann ist der Zoo geöffnet? 2. Wie ist die Adresse vom
    Stadtmuseum? 3. Wie viel kosten die Karten für das Schwimm-
    bad?

5   1. a) Gerne. Um 14 Uhr? b) Ja, das ist gut. Bis Samstag!
     c) Bis Samstag! 2. a) Hast du am Freitag Zeit? Wollen wir in
     den Zoo gehen? b) Ja gern. Weißt du die Öffnungszeiten?
     c) Ja, 9 bis 19 Uhr. Wollen wir um 10 Uhr gehen? d) Ja, das
     ist gut. Bis Freitag.
6   a) 1. Sibylle, 2. Reimer, 3. Pestalozzistraße 3, Krumbach, 4. w,
     5. 45, 6. Türkisch, 7. dienstagabends (18-20 Uhr), 8. Deutsch und
     Englisch
     b) 1c, 2b, 3e, 4a, 5d

> Sehr geehrte Damen und Herren,
>
> ich möchte den Türkischkurs am Dienstagabend machen.
> Muss ich ein Buch mitbringen? Oder gibt uns der Lehrer die
> Bücher? Vielen Dank für Ihre Antwort.
>
> Mit freundlichen Grüßen
>
> Sibylle Reimer

7   a) 1. Carola, 2. Leipzig, 3. 56 Jahre, 4. Fahrrad fahren und Musik
     hören

b) 1.

> Liebe Carola,
>
> ich wohne auch in Leipzig und ich möchte auch einen
> Japanischkurs machen. Wollen wir zusammen zur
> Sprachschule gehen?
>
> Viele Grüße
>
> Johanna

2.

> Liebe Carola,
>
> wollen wir am Freitagnachmittag mit dem Fahrrad an den
> See fahren? Zwei Freunde von mir kommen auch mit.
>
> Liebe Grüße
>
> Marie

3.

> Liebe Carola,
>
> welche Musik magst du denn? Ich spiele am Samstag mit
> ein paar Freunden im Park. Wir möchten dich einladen.
>
> Liebe Grüße
> Simon

6   Termine machen
1   a) 2g, 3c, 4h, 5d, 6e, 7b, 8f
     b) am Samstag um 15 Uhr vor dem Chaplin-Kino
2   a) Hi Thomas, was machst du Dienstagabend? Wollen wir in
     den Biergarten gehen?
     b) Super. Ich stehe um 19 Uhr vor dem Biergarten.
3   a) Stadt, Sport, Sprachkurs, Straße, spiele, Stunde
     b) 1. Sport, spielt, 2. Student, Studium, 3. spricht, Spanisch,
     4. später, Spanien, 5. Stadt, Stelle, 6. Sprachkurs, Spanisch
4   1. Was machst du am Samstag? 2. Wollen wir Fußball spielen?
     3. Samstag kann ich nicht. 4. Geht es auch am Sonntag?
     5. Sonntag geht auch.
5   a) 2. Februar, 3. März, 4. April, 5. Mai, 6. Juni, 7. Juli, 8. August,
     9. September, 10. Oktober, 11. November, 12. Dezember
     b) 2. Morgen ist Dienstag, der 6. August 2019. 3. Morgen ist
     Sonntag, der 2. November 2025.
6   a) 1. Computer ist kaputt, 2. einen Termin für mich frei,
     3. freundlichen Grüßen
     b) 1. Herr Schmidt, 2. am Donnerstag, den 7. November 2019,
     um 11 Uhr, 3. nächste Woche, 4. Matthias Wolf
     c)

> 1. Sehr geehrter Herr Wolf,
>
> 2. sehr gut,
>
> 3. Vielen Dank,
>
> 4. Karl Schmidt

C Essen

7   Einkaufen
1   von links nach rechts: Wasser, Getränk, Käse, Kuchen, Kaffee,
     Ei, Wurst, Öl, Salat, Fleisch, Schokolade, Saft, Gemüse, Milch,
     Tomate, Hähnchen, Reis; von oben nach unten: Kartoffel, Bier,
     Fisch, Apfel, Tee, Salz, Butter, Brötchen, Banane, Wein,
     Schinken
2   der: Kuchen, Kaffee, Salat, Saft, Reis, Fisch, Apfel, Tee, Wein,
     Schinken; das: Wasser, Getränk, Ei, Öl, Fleisch, Gemüse,
     Hähnchen, Bier, Salz, Brötchen; die: Schokolade, Milch,
     Tomate, Kartoffel, Butter, Banane
3   a) 1. g, 2. kg, 3. l
     b) 1. Einkaufsliste: 2kg Kartoffeln, 6 Eier, 800g Tomaten,
     2. Einkaufsliste: 500g Brot, 1 Stück Käse, 3l Orangensaft / Saft,
     3. Einkaufsliste: 1kg Kaffee, 300g Schokolade, 2l Milch
4   2. Ein Kilo Brot kostet 4,20€. 3. Sechs Eier kosten 2,40€.
     4. Ein Stück Kuchen kostet 1,90€. 5. Eine Flasche Wasser
     kostet 0,85€.
5   a) 1. noch Milch zu Hause? 2. keine mehr. 3. ich Milch.
     4. Brauchst, 5. Schokolade mitbringen?
     b) 2. kann, 3. ist, 4. kostet, 5. kosten, 6. Möchtest

8   Essen bestellen oder kochen?
1   a) 1. Hähnchen mit Reis, 2. Wasser, 3. Fisch mit Gemüse
     und Kartoffeln, 4. Apfelsaft, 5. Pommes frites, 6. Cola,
     7. Salat, 8. Bier
     b) 2. 1, 3. 1, 4. 1, 5. 2, 6. 1, 7. 1, 8. 1, 9. Klotz, 10. Frank,
     11. Mühlengasse 5, 12. 24103 Kiel, 13. 20 Uhr
2   a) 2, 4, 6, 7, 8
     b) 1. 300 g Mehl, 200 g Zucker, 200 g Schokolade, 250 g Butter,
     125 ml Milch, 4 Eier, 2. ein Salat, 200 g Käse, 3 Tomaten, 100 g
     Oliven, Olivenöl, Salz und Pfeffer
3   a) 2. schneiden, 3. braten, 4. geben, 5. geben
     b) 1. 3 Kartoffeln und eine Zwiebel in Stücke schneiden.
     2. Kartoffelstücke und Zwiebeln in viel Öl braten. 3. 2 Tomaten
     in Stücke schneiden. 4. Tomatenstücke zu den Kartoffeln
     geben. 5. 2 Eier über die Kartoffeln und Tomaten geben.
     6. Pfeffer und Salz zum Essen geben.
4   1. backe, 2. schneidest, 3. kochst, 4. gibst, 5. backst

9   Was kann ich mitbringen?
1   1. Samstag eine Party, 2. mitbringen, 3. einen Salat, 4. ich mag
     Zwiebeln
2   2. Party, 3. Samstag, 4. Hause, 5. Zeit, 6. Dank, 7. Einladung,
     8. Kuchen, 9. Getränke, 10. Grüße
3   1. ja, 2. 5, 3. ja, einen Kuchen
4   1. vielen Dank für Ihre E-Mail. 2. Wir können auch etwas
     anderes mitbringen. 3. Gerne machen wir einen Salat.

D Auf Reisen

10   Wege finden
1   2. Hauptbahnhof, Nürnberg (Route) Staatstheater, Nürnberg,
     3. Hoheluftchaussee 108, Hamburg
2   2. das Fahrrad, 3. das Taxi, 4. der Zug, 5. das Auto, 6. der Bus
3   2. mit dem Auto, 3. mit dem Fahrrad, 4. mit dem Bus, 5. mit der
     U-Bahn
4   1. a) dir nach Hause, b) mit der U3, c) Haltestelle, d) dich ab
     2. a) nach Leipzig, b) mit dem Zug, c) mit dem Bus, d) fahre ich
     mit, e) heute Abend, f) und hole dich ab
     3. a) Wie komme ich zu dir, b) zu Fuß gehen, c) 30 Minuten,
     d) Nummer 25, e) brauchst
5   1. nach links, 2. geradeaus, 3. nach rechts
6   1. a) Meine Adresse ist Friedensstraße 3. b) Ihr fahrt mit der U2
     (in) Richtung Flughafen. c) Die Haltestelle heißt Stadtpark.
     d) Am Stadtpark nehmt ihr die Bergstraße. e) Dann geht ihr
     nach links in die Friedensstraße.
     2. a) Aber ich möchte zu Fuß gehen. b) Kannst du mir den Weg
     erklären? c) Ich wohne am Hauptmarkt.

3. a) Du nimmst die Alte Dorfstraße bis zum Stadtpark.
b) Dann gehst du nach rechts in die Bauerngasse.
c) Die zweite Straße rechts ist die Friedensstraße.
d) Meine Hausnummer ist die Drei.

7   a)

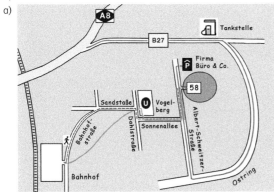

b) 1. Am Bahnhof nehmen Sie die Bahnhofstraße. 2. Dann
gehen Sie nach rechts in die Sandstraße und wieder nach
rechts in die Dahlstraße. 3. An der U-Bahn-Station gehen
Sie nach links in die Sonnenallee. 4. So kommen Sie zur
Albert-Schweitzer-Straße. 5. Zu unserer Firma gehen Sie
nach links bis zur Nummer 58 auf der rechten Seite.

11   Tickets kaufen
1   a) 1. Berlin, 2. Kiel, 3. heute, 4. ab jetzt, 5. 2 Erwachsene,
3 Kinder, 6. 2. Klasse, 7. keine Platzreservierung
b) 1. Berlin, 2. 13:24, 3. Zug, 4. 19, 5. 15:43, 6. Kiel, 7. 16:55
2   a) 1. Nürnberg, Maxfeld, 2. Ochenbruck, 3. 12.10.2020, 4. 14:00
b) 1. Tagesticket, 2. Einzelfahrkarte
c) 1. Tagesticket 12,50€, 2. Kaufen, 3. mit EC-Karte
3   a) 1. Ticket, 2. Kreditkarte, 3. Geld, 4. Zeit, 5. Hinfahrt, 6. Platz,
7. E-Mail, 8. Platz, 9. Fenster, 10. Freitag
b) 1. Bonn, 2. Hamburg, 3. 26.06. 4. 8 Uhr, 5. nur Hinfahrt, 6. ab
Bonn 8:55, an Hamburg 13:18, 0x umsteigen, 98€, 7. am Fenster,
8. Katharina, 9. T220001293, 10. Wiedermann, 11. Finn,
12. 7897 5675 2342 1231, 13. 09/25

c)
Liebe Katharina,

hier kommt das Online-Ticket.
Wir sehen uns am Freitag.
Ich hole dich vom Bahnhof ab.
Ich freue mich.

Liebe Grüße

Finn

12   Übernachten
1   1. Anreise, 2. Nichtraucher, 3. Einzelzimmer, 4. Doppelzimmer,
5. Abreise
2   1. Gerber, 2. Frank, 3. Fuchsweg 4, 4. 38444 Wolfsburg,
5. f.gerber@posteon.de, 6. 31.7. bis 4.8. 7. Doppelzimmer,
8. Raucher, 9. Kreditkarte
3
1. Sehr geehrte Damen und Herren,

2. haben Sie vom 23.3. bis 25.3. ein Doppelzimmer frei?

3. Wir sind Nichtraucher und brauchen kein Frühstück.

E Körper und Gesundheit

13   Körper und Krankheit
1   b) das Ohr, c) der Mund, d) das Auge, e) die Nase, f) der Hals,
g) der Rücken, h) der Arm, i) die Hand, j) der Bauch, k) das
Bein, l) das Knie, m) der Fuß
2   1. der Kopf, 2. die Nase, 3. der Arm, 4. das Ohr, 5. der Hals,
6. der Bauch, 7. das Auge, 8. der Rücken, 9. der Fuß
3   a) Ohren, Arme, Beine, Knie, Füße b) einen Kopf, einen Hals,
einen Bauch, einen Rücken

4   2. Meine Augen tun weh. 3. Meine Hand tut weh. 4. Meine
Füße tun weh. 5. Meine Ohren tun weh.
5   2. Mir tun die Augen weh. 3. Mir tut die Hand weh. 4. Mir tun
die Füße weh. 5. Mir tun die Ohren weh.
6   2. Ja, ich habe Halsschmerzen. 3. Ja, ich habe Bauchschmerzen.
4. Ja, ich habe Rückenschmerzen. 5. Ja, ich habe Ohrenschmerzen.
7   1d, 2c, 3b, 4a, 5e
8   a) Schmerzen, Fieber, Schnupfen
b) müde, erkältet c) schlecht, kalt
9   2. Ich habe schon eine Woche Husten und Halsschmerzen.
3. Ich habe seit zwei Tagen Kopfschmerzen. 4. Mir ist oft kalt.
Und ich bin immer müde.
10   1. nicht so gut, 2. krank, 3. Kopfschmerzen, 4. Fieber
11   nicht so gut, seit gestern erkältet. Ich habe Husten, Schnupfen
und Halsschmerzen. Ich bleibe zu Hause und trinke Tee.
12   a) 1. Leider kann ich heute nicht kommen. Ich habe
Bauchschmerzen und mir ist schlecht. Ich muss im Bett
bleiben. 2. Das ist ja schade. Gute Besserung!
b) Hallo liebe Sara! Leider kann ich heute nicht kommen. Ich
bin krank. Mir ist kalt und ich bin sehr müde. Vielleicht habe
ich Fieber.

14   Beim Arzt
1   1. der Hustensaft, 2. die Tabletten, 3. das Spray
2   1c, 2d, 3a, 4b
3   1. erkältet, 2. Husten, 3. Halsschmerzen, 4. Schnupfen,
5. Ohrenschmerzen, 6. Mund, 7. Hustensaft,
8. Halsschmerztabletten, 9. Nasenspray
4   a) Nehmen Sie die Tabletten eine Woche lang. Ich gebe Ihnen
ein Rezept für einen Fiebersaft.
b) Ich bin erkältet. Mir ist heiß und kalt. Ich habe Schnupfen.
5   1. b) Ihr Hals, 2. c) Mir tut der Bauch weh. d) keinen Kaffee,
3. e) Ich bin müde und mir ist heiß und kalt. f) Seit gestern.
g) Nehmen Sie
6   a) dreimal am, Tag b) eine Woche (lang), c) Tabletten, d) einmal
(jeden Morgen vor dem Frühstück), e) Fiebersaft, f) fünf
Tage (lang)
7   1. a) gut, b) Fieber, c) Tagen, d) nehme, 2. a) dir, b) weh,
c) bisschen, d) Augen, e) rot, 3. a) Husten, b) Hustensaft,
c) Tabletten, d) Hals

15   Krankmeldungen
1   1. Lieber Herr Habeck, 2. Mit freundlichen Grüßen
2   1. leider kann ich heute nicht zur Arbeit kommen / heute kann
ich leider nicht zur Arbeit kommen. 2. Ich bin bis Donnerstag
krankgeschrieben. / Bis Donnerstag bin ich krankgeschrieben.
3. Mein Sohn bringt Ihnen heute Nachmittag die AU. / Die
AU bringt Ihnen mein Sohn heute Nachmittag. / Heute
Nachmittag bringt Ihnen mein Sohn die AU.
Mit freundlichen Grüßen
Kerstin Jansen
3
Betreff: Krankmeldung

Sehr geehrte Frau Hosseini,

leider bin ich krank und kann heute nicht zur Arbeit
kommen. Ich bin bis Freitag krankgeschrieben. / Bis Freitag
bin ich krankgeschrieben. Meine Tochter bringt Ihnen heute
Nachmittag die AU. / Heute Nachmittag bringt Ihnen meine
Tochter die AU.

Mit freundlichen Grüßen

[Unterschrift]

F Arbeit

16   Formulare
1   1. Jakobson, 2. Stella, 3. 13.06.1980, 4. Schwerin, 5. Sterngasse 5,
6. 18055 Rostock, 7. verheiratet, 8. 1, 9. deutsch, 10. Realschule
Schwerin, 11. von 1990 bis 1996, 12. 1,8, 13. Restaurant
Suppenküche, Rostock, 14. von 1996 bis 1999, 15. 1,4, 16. Hotel
Drei Raben,

17. von 1999 bis 2011, 18. DE02 1243 2354 9876 8765 99,
19. ZVD-Bank, 20. ABK, 21. Rostock, den 25.02.2019

2   1. Fenster, 2. 16.3. 2019, 3. Jung

17 Den Kollegen schreiben

1   1
a) Liebe Frau Bauer,

b) eine Frage: Wann haben Sie den Termin mit Frau Mustafa?

c) Vielen Dank für Ihre Hilfe.

Viele Grüße

d) Benjamin Singh

2
a) Hallo Frank,

b) geht dein Telefon? Mit meinem kann ich gerade nicht telefonieren.

Viele Grüße

c) Ada

2   Hallo Egon,

ist Montag ein Feiertag? Vielen Dank für deine Hilfe / Antwort.

Viele Grüße

[Vorname]

3   Lieber Herr Siebert,

eine Frage: Wohin schicke ich meinen Stundenzettel? Vielen Dank für Ihre Hilfe.

Viele Grüße

[Vorname Familienname]

4   a) 4, 6

b)
Sehr geehrte Frau Dinkel,

haben Sie morgen Nachmittag vielleicht kurz Zeit? Ich habe ein paar Fragen zu einem Kundentermin.

Mit freundlichen Grüßen

[Vorname Familienname]

5   Liebe Kolleginnen und Kollegen,

1. heute mache ich um 14 Uhr Schluss.

2. Morgen bin ich nicht am Arbeitsplatz.

3. Ab Montag kann ich wieder auf E-Mails antworten.

4. Bei wichtigen Fragen schreiben Sie bitte meiner Kollegin Frau Weiß.

5. Ihre E-Mail-Adresse ist weiss@buero.de.

Viele Grüße

Clara Reyes

6   a) Schluss, Weiß, Adresse, weiss@buero.de
b) 1. essen, dreißig, 2. Straßennamen, weiß, Adresse,
3. geschlossen, schließen, 4. muss, draußen

7   a) 1. müssen, 2. sprechen, 3. geht, 4. Machst, 5. soll, 6. anrufen
b) 1. wir müssen noch mit der Firma TechNical telefonieren und einen Termin machen. 2. Möchten Sie das machen oder soll ich anrufen? 3. bei der Firma TechNical rufe ich heute Nachmittag an. / heute Nachmittag rufe ich bei der Firma TechNical an. 4. Dann schreibe ich Ihnen den Termin.

8   1
Sehr geehrter Herr Johannson,

das mache ich gerne. Und um 17 Uhr habe ich auch Zeit. Dann erzähle ich Ihnen von dem Programm.

Mit freundlichen Grüßen

Rolf Malik

2
Sehr geehrter Herr Johannson,

um 15 Uhr habe ich leider einen Termin mit einem Kunden. Daher kann ich nicht mit Frau Neugebauer sprechen. Tut mir leid.

Mit freundlichen Grüßen

Rolf Malik

18 Kunden schreiben

1   a)
1. Sehr geehrte Frau Herzl,

2. gerne reparieren wir das Licht an Ihrem Fahrrad / das Licht an Ihrem Fahrrad reparieren wir gerne.
3. Bitte bringen Sie Ihr Fahrrad zu uns ins Geschäft.
4. Dann können wir Ihnen den Preis sagen.

5. Mit freundlichen Grüßen

Frank Lindemann

b)
Sehr geehrte Frau Herzl,

leider haben wir im Moment sehr viele Reparaturen. / im Moment haben wir leider sehr viele Reparaturen. Deshalb können wir Ihr Fahrrad erst nächste Woche Dienstag reparieren. Haben Sie so lange Zeit?

Mit freundlichen Grüßen

Frank Lindemann

2   a)
Sehr geehrte Frau Schild,

gerne können Sie die Lampe zurückbringen. Sie bekommen eine neue Lampe. Das Geld können wir Ihnen leider nicht zurückgeben.

Mit freundlichen Grüßen

Licht und Lampe Hamburg

b)
Sehr geehrte Frau Schild,

leider können wir die Lampe nicht zurücknehmen. Schicken Sie sie bitte zu der Firma Hell in Dessau. Bei der Lampe ist ein Zettel. Dort finden Sie die Adresse.

Mit freundlichen Grüßen

Licht und Lampe Hamburg

G Beim Amt

19 Wo muss ich hin?

1   2. Arbeitsamt Bochum Telefonnummer / Agentur für Arbeit Bochum Telefonnummer, 3. Standesamt Kassel Adresse, 4. Ausländeramt Salzgitter Öffnungszeiten

2   1. b) Frau Cakir, c) 0123-735468, d) (den) Mietvertrag,
2. a) Ausländeramt, b) 02777-574930, c) (den) alten Pass,
3. a) Agentur für Arbeit, b) 22.4., c) 11:15, d) 2.115,
e) (die) Einladung

3   1. Zeit, 2. Termin, 3. fertig, 4. telefonieren, 5. spät, 6. Mittwoch,
7. rein, 8. Standesamt, 9. Donnerstag, 10. zusammen,
11. Papiere, 12. finnischen, 13. übersetzen, 14. Hochzeit

4   a) Hallo (4x), Susanne, Wann (2x), denn, können (2x), bisschen,
Mittwoch (2x), dann (2x), muss, Nick, Donnerstag (2x), sollen,

zusammen, kommen, müssen, Übersetzungsbüro, finnischen, übersetzen
b) 1. Hallo, Susanne, Kaffee, Wasser, 2. Sommer, schwimmen, wenn, Sonne, 3. können, jetzt, frühstücken, Bitte, Bäcker, Ecke, 4. Wollen, zusammen, Mittag, essen, Marktplatz, Pizzeria, schmeckt, immer, 5. denn, Schlüssel, Zimmer, Glück

20 Formulare ausfüllen
1   a) Salzstraße 21, 28195 Bremen, b) Usedomstraße 5, 30173 Hannover, c) 3, d) nein, e) —, f) Fischer, g) Pawlowa, h) Nadja, i) russisch, j) verheiratet, k) Fischer, l) —, m) Peter, n) deutsch, o) verheiratet, p) Fischer, q) —, r) Katja, s) deutsch, t) ledig, u) Borowski, v) Erich, w) Salzstraße 21, 28195 Bremen, x) Bremen, den 1.3.2019, y) Nadja Fischer / Peter Fischer

21 E-Mails an Ämter schreiben
1
> 1. Sehr geehrte Damen und Herren,
>
> 2. haben Sie morgen einen Termin für mich?
> 3. Ich möchte verreisen und brauche einen Reisepass.
> 4. Welche Papiere soll ich zu dem Termin mitbringen?
>
> Mit freundlichen Grüßen
>
> Andreas Bauer

2   1.
> Sehr geehrte Damen und Herren,
>
> a) leider ist mein Mietvertrag noch nicht fertig. / mein Mietvertrag ist leider noch nicht fertig.
>
> b) Kann ich die Formulare ausfüllen und Ihnen den Mietvertrag später schicken?
>
> Mit freundlichen Grüßen
>
> Hannah Blum

2.
> Sehr geehrte Damen und Herren,
>
> a) für den 24.11. habe ich eine Einladung zu einem Gespräch über meine Jobsuche.
> b) Leider kann ich zu dem Termin nicht kommen. / Zu dem Termin kann ich leider nicht kommen.
> c) Ich bin von 8:30 bis 12:00 im Deutschkurs. / Von 8:30 bis 12:00 bin ich im Deutschkurs.
> d) Kann ich einen anderen Termin bekommen?
> e) Nachmittags habe ich jeden Tag Zeit. / Ich habe nachmittags jeden Tag Zeit.
>
> Mit freundlichen Grüßen
>
> Samaneh Tarzi

3
> Sehr geehrte Frau Bahr,
>
> vielen Dank für Ihren Brief. Mein Vermieter heißt Günter Eckstein. Er wohnt in der Heinzelstraße 5 in 39112 Magdeburg. Den Mietvertrag schicke ich nächste Woche. Den habe ich noch nicht.
>
> Mit freundlichen Grüßen
>
> Irmgard Kaufmann

H Beim Shoppen

22 Kleidung kaufen
1   a) 1. das Hemd, 2. das T-Shirt, 3. die Jacke, 4. die Hose, 5. die Schuhe
b) Kleid, Rock, Pullover
c) 1. Pullover, 2. Rock, 3. Kleid
2   1. weiß, 2. rot, 3. braun, 4. blau, 5. schwarz, 6. gelb, 7. grau, 8. grün

3   a) 2. Hemd, weiß, L, 5, 3. Jacke, blau, L, 1, 4. Pullover, rot, M, 2, 5. Hose, schwarz, S, 1, 6. Hose, schwarz, M, 1
b) 1. auf Rechnung, 2. Gertrud Richter, Am Braak 11, 26121 Emden, 3. Jan Richter, Moorweg 3, 26123 Oldenburg, 4. ja

23 Bezahlen
1   a) 1. Stadt, 2. Sommerkleid, 3. Schuhe, 4. Sommerjacke, 5. T-Shirts, 6. Bank, 7. Geld
b) 1. Ihre Karte kommt hier in den Automaten. 2. Wissen Sie Ihre PIN? 3. Die können Sie jetzt eintippen. 4. Und dann drücken Sie auf Grün. 5. Jetzt drücken Sie hier auf 50€ und wieder auf Grün. 6. Da kommt das Geld. 7. Am Ende dürfen Sie Ihre Karte nicht vergessen.
2   1. Bitte geben Sie Ihre Karte ein. 2. Bitte geben Sie Ihre PIN ein. 3. Bitte bestätigen Sie mit Grün. 4. Bitte wählen Sie einen Geldbetrag. 5. Bitte bestätigen Sie mit Grün. 6. Bitte entnehmen Sie Ihr Geld.
3   (Die Angaben in Klammern sind nicht unbedingt nötig.) 1. 375€, 2. (Kundennummer) 376341, 3. Rechnungsnummer 2018-87345, 4. Gertrud Richter (Emden), 5. DE0322223333444455, 6. 25.11.2019, 7. Gertrud Richter

24 An die Bank schreiben
1   a) 1. verheiratet, 2. Nachname, 3. Bitte, 4. Dank, 5. Grüßen
b) 1. seit dem 26.9. habe ich eine neue Adresse. 2. Ich wohne jetzt in der Karlstraße 125 in 53111 Bonn. / Jetzt wohne ich in der Karlstraße 125 in 53111 Bonn. 3. Bitte ändern Sie meine Adresse. 4. Vielen Dank für Ihre Mühe.
c)
> Sehr geehrte Damen und Herren,
>
> seit heute habe ich eine neue E-Mail-Adresse. Sie heißt mail@info.net.
> Bitte ändern Sie meine E-Mail-Adresse.
>
> Vielen Dank für Ihre Mühe.
>
> Mit freundlichen Grüßen
>
> [Vorname Nachname]

2   1.
> **EC-Karte geht nicht.**
>
> Sehr geehrte Damen und Herren,
>
> leider geht meine EC-Karte nicht. Ist die Karte kaputt? Oder gibt es ein Problem mit der PIN? Können Sie die Karte sperren oder mir eine neue PIN schicken?
>
> Vielen Dank für Ihre Mühe.
>
> Mit freundlichen Grüßen
>
> Adnan Kilic

2.
> **Kreditkarte ist weg.**
>
> Sehr geehrte Damen und Herren,
>
> leider kann ich meine Kreditkarte nicht mehr finden. Bitte sperren Sie die Karte. Und schicken Sie mir bitte eine neue Kreditkarte.
>
> Vielen Dank für Ihre Mühe.
>
> Mit freundlichen Grüßen
>
> Hannah Schneider

I Prüfungstraining

25 Prüfungsaufgaben Schreiben Start Deutsch 1
Teil 1   Teil 1 1. weiblich, 2. 18.8.1981, Hamburg, 3. London, 4. Verkäuferin, 5. Fahrrad fahren, tanzen

Teil 2   Beispiellösung:

> Sehr geehrte Damen und Herren,
>
> nächste Woche möchte ich mit meiner Familie das Deutsche Museum besuchen. Können Sie mir die / Ihre Eintrittspreise und Öffnungszeiten schreiben? Haben Sie Adressen von Hotels in der Nähe?
>
> Mit freundlichen Grüßen
>
> [Vorname Nachname]

26   Prüfungsaufgaben Schreiben telc Deutsch A1
Teil 1   1. Naumann, 2. Berlin, 3. 3, 4. bar, 5. Einzelzimmer
Teil 2   Beispiellösung 1:

> Lieber [Vorname],
>
> am nächsten Samstag um 8 Uhr ist meine Geburtstagsparty. Ich möchte dich herzlich einladen.
> Kannst du vielleicht einen Salat mitbringen?
>
> Viele Grüße
>
> [Vorname]

Beispiellösung 2:

> Lieber [Vorname],
>
> ich möchte dich herzlich zu meinem Geburtstag einladen. Wir feiern am Samstag ab 8 Uhr bei mir zu Hause.
> Kannst du vielleicht einen Kuchen mitbringen?
>
> Liebe Grüße
>
> [Vorname]

27   Prüfungsaufgaben Schreiben Start Deutsch 1 oder telc Deutsch A1
Teil 1   1. Münster, 2. 33 (Jahre), 3. Schwedischlehrerin, 4. seit zwei Tagen, 5. (starke) Halsschmerzen

Teil 2   Beispiellösung:

> Sehr geehrte Frau [Nachname],
>
> können wir morgen über das neue Projekt sprechen?
> Haben Sie vielleicht um 15 Uhr Zeit?
> Ich spreche vorher noch mit Herrn Özdemir.
>
> Mit freundlichen Grüßen
>
> [Vorname Nachname]

28   Prüfungsaufgaben Schreiben ÖSD-Zertifikat A1
Teil 1   Beispiellösungen: 1. Jasmin, 2. Slimani, 3. 20.6.1985, 4. Tunis, 5. Blumenstraße 5, 6. 24113 Kiel, 7. Kiel, den 24.10.2019, 8. Jasmin Slimani
Teil 2   Beispiellösung:

> [...] Ich komme am Freitagnachmittag um 16 Uhr.
> Und ich möchte bis Sonntag bleiben.
> In Wien möchte ich gerne den Fluss und die Altstadt sehen.
>
> Viele Grüße
>
> [Vorname]

29   Prüfungsaufgaben Schreiben telc Deutsch A1 für Zuwanderer
Teil 1   1. Ahmadi, 2. 1.1.1998, 3. ledig, 4. Turnstraße 23, 5. XY-Bank, Braunschweig
Teil 2   Beispiellösung:

> Lieber Bastian,
>
> leider kann ich heute nicht zu dir kommen.
> Ich bin krank. Ich habe Kopfschmerzen und Fieber.
> Hast du nächste Woche Freitag Zeit?
>
> Viele Grüße
>
> [Vorname]

Bildquellenverzeichnis